新能源汽车系列

新能源汽车结构与原理

 杨光明 张仕奇 刘仍贵 主编

彩色版 CAISEBAN

化学工业出版社
·北京·

本书介绍了新能源汽车技术，包括新能源汽车的种类和性能评价指标以及典型车型；动力电池、驱动电机、控制系统等新能源汽车关键技术；纯电动汽车的结构组成、基本原理和代表车型；混合动力汽车的结构组成、基本原理和代表车型；燃料电池汽车、燃气汽车、醇燃料汽车和太阳能汽车的结构和技术等内容。书中图文并茂，注重实例介绍，内容深入浅出。

本书可供广大新能源汽车行业从业者学习参考，也可供广大汽车专业及相关专业的职业院校作为教材选用，并可作为相关行业的培训用书。

图书在版编目（CIP）数据

新能源汽车结构与原理：彩色版/杨光明，张仕奇，刘仍贵主编. —北京：化学工业出版社，2019.3（2023.9重印）
（新能源汽车系列）
ISBN 978-7-122-33933-1

Ⅰ.①新⋯　Ⅱ.①杨⋯ ②张⋯ ③刘⋯　Ⅲ.①新能源-汽车-构造　Ⅳ.①U469.7

中国版本图书馆CIP数据核字（2019）第029496号

责任编辑：韩庆利　　　　　　　　　　文字编辑：张绪瑞
责任校对：张雨彤　　　　　　　　　　装帧设计：刘丽华

出版发行：化学工业出版社（北京市东城区青年湖南街13号　邮政编码100011）
印　　装：河北京平诚乾印刷有限公司
787mm×1092mm　1/16　印张10　字数231千字　2023年9月北京第1版第4次印刷

购书咨询：010-64518888　　　售后服务：010-64518899
网　　址：http://www.cip.com.cn
凡购买本书，如有缺损质量问题，本社销售中心负责调换。

定　价：58.00元　　　　　　　　　　　　　　　　　　　　　版权所有　违者必究

  随着我国经济水平的提高,汽车已成为生活中的交通和出行的工具,也推动了汽车产业的快速发展。汽车的消费提高了人们的生活质量,方便了人们的出行,但也带来了石油大量消耗和对石油的依赖性,甚至出现能源危机,同时汽车尾气也造成空气污染,特别已成为产生雾霾的主要因素之一。为此,全世界都在应对石油短缺、环境污染和气候变暖的共同挑战,也纷纷出台相关的措施节能减排。在汽车领域,各国提高汽车节能技术和汽车尾气排放标准,加快培育和发展节能汽车与新能源汽车的进度,既是有效缓解能源和环境压力,推动汽车产业可持续发展的紧迫任务,也是加快汽车产业转型升级、培育新的经济增长点和国际竞争优势的战略举措。我国把新能源汽车列为中国汽车行业今后发展的重中之重。正是在此背景下,编写了《新能源汽车结构与原理》一书。

  本书依照国家标准,力求突出新能源汽车技术,为读者介绍最新研究车型,介绍了新能源汽车的定义和发展趋势;新能源汽车的种类和性能评价指标以及典型车型;新能源汽车关键技术,包括动力电池、驱动电机、控制系统等;纯电动汽车的结构组成、基本原理和代表车型;混合动力汽车的结构组成、基本原理和代表车型;燃料电池汽车、燃气汽车、醇燃料汽车和太阳能汽车的结构和技术等内容。本书突出了以下两个特点:

  (1) 内容新。内容紧贴新能源汽车领域内最新政策、最新前沿技术,介绍最新典型车型。

  (2) 内容广。内容涵盖新能源汽车全领域技术和种类,重点介绍纯电动汽车和混合动力汽车。

  除此之外,本书内容翔实,图文并茂,注重实例介绍,内容深入浅出,可读性强,适合广大新能源汽车行业从业者学习参考,也可供广大汽车专业及相关专业的职业院校作为教材选用。

  本书由合肥职业技术学院杨光明教授、陆军军事交通学院张仕奇副教授与刘仍贵担任主编,参加编写的还有徐峰、潘明明、周钊、汪倩倩、魏金营、江滔、姜琳晖、杨小波、周宁、姚东伟、潘旺林、满维龙、卢小虎、陈忠民、徐淼、楚宜民。真诚感谢在本书编写过程中提供支持帮助的各位企业老总、同行及参与院校领导。

  由于新能源汽车领域技术日新月异,同时编者知识和能力也会存在不足,书中难免存在不当之处,请读者及时反馈,以便以后修订。

编 者

目录

第一章　新能源汽车概述 ... 001

第一节　新能源汽车的定义及优点 ... 001
一、新能源的含义 ... 001
二、新能源汽车的定义 ... 001
三、新能源汽车的性能优点 ... 002

第二节　新能源汽车的性能评价参数 ... 004
一、续航里程 ... 004
二、驱动功率 ... 006
三、充电时间 ... 008
四、百公里耗电量 ... 009

第三节　新能源汽车的类型及特点 ... 010
一、混合动力汽车技术 ... 011
二、纯电动汽车技术 ... 012
三、燃料电池汽车技术 ... 013
四、氢动力汽车 ... 015
五、醇、醚和生物燃料汽车 ... 015

第四节　新能源汽车的生产厂商及代表车型 ... 016
一、新能源汽车主要生产厂商 ... 016
二、常见的新能源汽车及特点介绍 ... 017

第二章　新能源汽车关键技术 ... 025

第一节　电源系统结构原理 ... 025
一、动力电池主要性能指标 ... 025
二、动力电池的主要类型 ... 029
三、动力电池系统的结构组成 ... 038
四、电动汽车动力电池充电技术 ... 045

第二节　驱动电机系统结构原理 ... 049
一、电动汽车驱动电机系统的组成 ... 049

二、电机主要性能指标及技术要求 ········· 050
三、电动汽车常用驱动电机的结构与原理 ········· 052

第三节　逆变器与变频器结构原理 ········· 063
一、逆变器 ········· 063
二、变频器 ········· 064

第四节　控制系统结构原理 ········· 067
一、电动汽车整车控制器 ········· 067
二、驱动电机控制器 ········· 071
三、电动汽车制动能量回收系统 ········· 075

第三章　纯电动汽车结构与原理 ········· 077

第一节　纯电动汽车概述 ········· 077
一、纯电动汽车的技术条件 ········· 077
二、纯电动汽车的特点 ········· 079

第二节　纯电动汽车的总体结构 ········· 080
一、纯电动汽车的基本结构组成 ········· 080
二、纯电动汽车驱动系统布置形式 ········· 081

第三节　典型纯电动汽车车型实例 ········· 086
一、比亚迪 E6 纯电动汽车 ········· 086
二、北汽新能源 EV160/200 ········· 092
三、EV160/200 DC/DC ········· 096

第四章　混合动力电动汽车结构与原理 ········· 101

第一节　混合动力电动汽车概述 ········· 101
一、混合动力汽车的定义及特点 ········· 101
二、混合动力汽车基本特征 ········· 103
三、混合动力汽车的基本结构 ········· 105
四、混合动力电动汽车的类型 ········· 105

第二节　混合动力汽车的结构组成 ········· 108
一、发动机总成 ········· 108
二、电动机总成 ········· 109
三、电池系统 ········· 110
四、驱动电机控制器及 DC 总成 ········· 111
五、高压配电箱 ········· 112
六、高压电池管理器 ········· 112
七、漏电传感器 ········· 113
八、车载充电器 ········· 113

第三节　典型混合动力电动汽车车型实例 ········· 114
一、比亚迪秦插电式混合动力电动汽车 ········· 114
二、雪佛兰沃蓝达（串联式） ········· 122

三、丰田普锐斯 124
四、奥迪 Q5 125

第五章　其他新能源汽车简介 126

第一节　燃料电池电动汽车 126
一、燃料电池单独驱动汽车动力系统 127
二、燃料电池混合动力汽车动力系统 128
三、典型的燃料电池汽车结构 135

第二节　燃气汽车 139
一、单一燃料燃气汽车 139
二、双燃料燃气汽车 140
三、燃气汽车工作原理 140
四、燃气汽车的优势及存在的问题 141
五、燃气汽车典型车型实例 142

第三节　醇燃料汽车 145
一、醇燃料汽车概述 145
二、醇类汽车典型车型实例 148

第四节　太阳能汽车 149
一、太阳能汽车概述 150
二、太阳能汽车典型车型实例 150

参考文献 152

第一章 新能源汽车概述

汽车在国民生产、生活及交通中扮演着极其重要的角色，汽车工业已成为国民经济的重要支柱产业。但是，汽车在给人们提供便捷、舒适的同时也带来了很多负面影响，如能源危机、环境污染等。为缓解资源与环境的双重压力，各国相继出台了一系列政策来支持新能源汽车的发展。从当今汽车工业的研究热点来看，新能源汽车已成为汽车工业的发展方向，而新能源汽车中作为传统汽车向纯电动汽车转变过程中的过渡产品——混合动力汽车，在现今电池技术发展受一定约束的背景下，具有更好的发展前景。

第一节 新能源汽车的定义及优点

一、新能源的含义

新能源又称非常规能源，是指传统能源之外的各种能源形式，刚开始开发利用或正在积极研究、有待推广的能源，如太阳能、地热能、风能、海洋能、生物质能和核聚变能等。新能源越来越多地被用到风电产业、地热利用产业、沼气发电产业、生物质产业、太阳能光伏产业及新能源汽车产业。

二、新能源汽车的定义

汽车根据内燃机加注的燃料不同，有汽油汽车、柴油汽车以及添加乙醇的汽油汽车等。而新能源汽车有汽车与新能源利用的双重含义。根据新能源汽车利用能源方式的不同，有纯电动或油电混合式新能源汽车、替代燃料新能源汽车以及其他形式的新能源汽车。

2009年6月，工业和信息化部［工产业（2009）第44号］公告发布了《新能源汽车生产企业及产品准入管理规则》（2009年7月1日正式实施），明确指出：新能源汽车是指采用非常规的车用燃料作为动力来源（或使用常规的车用燃料、采用新型车载动力装置），综合车辆的动力控制和驱动方面的先进技术，形成的技术原理先进、具有新技术、新结构的汽车。非常规的车用燃料，指除汽油、柴油、天然气（NG）、液化石油气（LPG）、乙醇汽油（EG）、甲醇、二甲醚之外的燃料。

2012年6月国务院通过《节能与新能源汽车产业发展规划（2012—2020年）》。规划对新能源汽车也进行了定义和分类。规划指出，新能源汽车是指采用新型动力系统，完全或主要依靠新型能源驱动的汽车。根据《节能与新能源汽车产业发展规划（2012—2020年）》所指，新能源汽车主要包括纯电动汽车、插电式混合动力汽车及燃料电池汽车。节能汽车是指以内燃机为主要动力系统，综合工况燃料消耗量优于下一阶段目标值的汽车。

三、新能源汽车的性能优点

新能源汽车从技术的角度，具有传统汽车无法通过改进内燃机或变速器来获取的基本性能。

1. 节省燃油

如果是纯电动汽车，无需消耗燃油。如果是混合动力汽车，可以优化内燃机运行工况，节省燃油。对汽油燃料的内燃机，最佳的空燃比略大于14.7∶1。但是如果是单一内燃机动力的汽车，其经常需要运行在加速、爬坡以及冷启动等工况，此时为了追求动力性，其空燃比会偏离最佳空燃比，从而导致油耗增加和排放变差。混合动力汽车其中一个设计方式就是通过驱动电机的动力输出，来弥补汽车行驶工况变化时内燃机的不足。通过对车辆驱动线路的改进，让驱动电机的动力根据行驶工况的改变来输出，而让内燃机的运行转速保持稳定，并始终工作在最佳的空燃比附近。如图1-1所示。

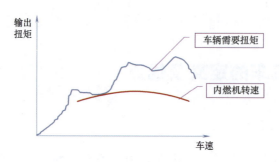

图1-1 内燃机能够在不同工况下保持稳定和空燃比

2. 良好的动力输出性能

如果是纯电动汽车，驱动车辆的驱动部件是电机。电机具有加电后反应快、低速输出扭矩大等特点，把这一特性再通过变速器输出到车轮上，汽车表现出来起步快，同时运转平稳流畅，具备无级变速器的优秀品质。

如果是混合动力汽车，它的驱动力通常来自内燃机输出动力和驱动电机力，相比较于传统汽车仅有一种内燃机动力来源，混合动力汽车能够在车辆急加速的情况下，及时通过调动电机或者增加电机的输出功率的方式来提升输出扭矩，增加车辆的动力性。而传统汽车如果需要做到快速加速，就必须通过增加燃油供给，并经过一个完整的吸气、压缩、做功、排气的工作循环，导致输出动力的滞后性。如图1-2所示是混合动力采用电机辅助来平滑输出扭矩的曲线图。

3. 实现自动停机与自动启动控制性能

绝大部分新能源汽车采用自动启停系统,能够轻松实现自动停机与自动启动的控制,如图 1-3 所示。纯电动汽车在停车等待红灯时,只需要关闭供给电机的电能即可实现零能量消耗。采用混合动力的汽车,通常内燃机都取消了传统的 12V 启动机,改由驱动电机来直接驱动内燃机的启动。因此,当车辆控制系统监测到不需要内燃机运行的情况下,例如当车辆在等待红灯时处于怠速运行情况下,系统将会自动关闭内燃机的运行,需要的时候再通过驱动电机快速、短时间启动内燃机。这样的设计能够进一步降低车辆在怠速时的燃油消耗和尾气排放。

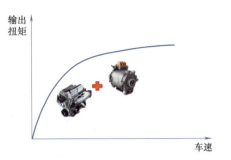

图 1-2　混合动力采用电机辅助来平滑输出扭矩

图 1-3　自动启停工作示意图

4. 能量利用率更高

传统汽车的能量利用率很低。内燃机从吸入燃油和空气到输出动力,需要经过 4 个行程,真正能够把燃油所产生的能量有 35% 用在驱动车辆上已经算是非常高的了。

那么为什么这么低呢?白白消耗的能量在哪里呢?

如图 1-4 所示,实际上内燃机工作时,很大一部分被作为热量消耗掉了,例如需要对内燃机进行水冷,这部分热量能就是不能被利用的。还有就是车辆制动时,有一部分能量被制动摩擦损耗掉,如果能保持车辆持续前进,不踩制动踏板,那么汽车油耗也会比同样情况下频繁制动来得低。

但是,新能源汽车中的纯电动汽车因为取消了内燃机,因此可以降低如热量散失、未完全燃烧等损失,其有效利用率超过了 50% 以上。此外,即使是混合动力汽车,由于通过电力系统的辅助来优化内燃机的工作,有些混合度较高的混合动力可以大部分时间都是纯电力驱动,其能量利用率也有大幅的提高。

此外,新能源汽车有一个很重要的能量利用方式

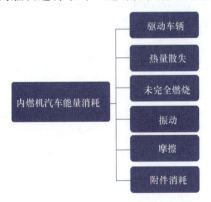

图 1-4　内燃机汽车能量消耗主要方式

就是制动能量回收。如图1-5所示,制动能量回收是指通过连接车辆驱动轴的电机,在新能源汽车需要制动时,先给电机上加载负荷让电机利用这个负荷来发电,逆向拖动车辆制动的一种方式。制动能量回收可以有效降低因制动导致的摩擦能量消耗。

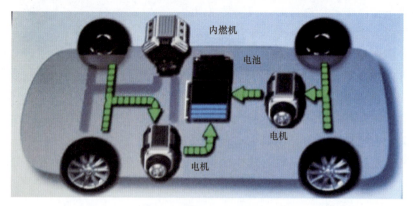

图1-5 制动能量回收路径

第二节 新能源汽车的性能评价参数

传统汽车的性能评价参数包括:动力性、燃油经济性、制动性、操控稳定性、平顺性以及通过性等。对于新能源汽车,又该如何去正确评价它的好坏呢?

实际上,新能源汽车是传统汽车与新能源的组合,因此在评价新能源汽车时还是参考传统汽车的参数来进行科学的评定,区别的是有些评定参数的实验方法会根据新能源汽车的特性进行了修订。

作为汽车应用工程领域,对新能源汽车的性能评定同时还会结合市场上大众的习惯性认知来评价。这些评价参数主要包括有新能源汽车的续航里程、驱动功率、充电时间以及使用的方便性,这里使用的方便性通常指的是汽车与外部的互联性能。新能源汽车的评价参数如图1-6所示。

图1-6 新能源汽车评价参数

一、续航里程

续航里程(续驶里程)是新能源汽车首要的参数,如果是纯电动汽车,是指从充满电的状态下到实验结束时所行驶的距离,以公里作为单位。

如果是纯电动汽车,续航里程关系着车主的使用经济利益,也关系着整车的技术性能,例如图1-7所示的2017款江淮汽车iEV6纯电动汽车的续航里程在60km/h车速下是205km,在综合工况下是170km。

如果是混合动力汽车,续航里程会分成两个组成部分,这包括有纯电动行驶里程和燃油行驶里程。而在这个续航里程里面，纯电动行驶里程也同样是衡量一辆混合动力新能源汽车的重要指标参数，如荣威550混合动力汽车（见图1-8）的纯电动续航里程为56km。早期有些学者曾以纯电动续航里程来对混合动力汽车进行分类，纯电动续航里程越大的混合动力汽车被认为是性能更加优越的。此外，我国目前对新能源汽车混合动力的补贴也是以纯电动续航里程为基准的。

续航里程受多种因素影响，这包括外部因素和内部因素。

外部因素指的是车辆外部的运行环境对车辆的影响。比如行驶所在的路况，路况差对续航里程有负面影响；道路的坡度，坡度越大，耗电量也越大，续航里程越小；风力的风向和大小，迎风状态下会影响到续航里程；车辆行驶时的气温以及道路温度也会影响到汽车动力电池的放电状态（图1-9），从而影响续航里程；此外，道路的种类、交通拥挤状态甚至司机的驾车习惯都会影响到续航里程。

图1-7 江淮iEV6纯电动汽车

图1-8 荣威550混合动力汽车

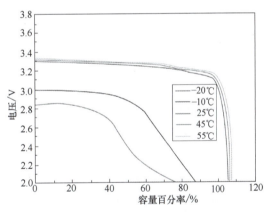

图1-9 不同温度下的放电曲线

内部因素主要是指车辆自身的设计部件参数，其中最主要的是车辆设计动力电池容量与技术性能，此外还包括车辆本身的质量以及对能量的利用率等。

以下主要针对续航里程的首要因素，即动力电池来进行介绍。动力电池性能参数评价和衡量的指标主要是电池的容量、电池的类型以及电池的电压等。

1. 动力电池的容量

动力电池的容量一般指的是电池的额定容量，又称公称容量，是指动力电池在设计的放电条件下，电池保证给出的最低电量。这个参数表征了动力电池储存能量的能力。

对于单个电池单元，电池容量的单位是 A·h，用 C 表示。而针对新能源汽车整个大电池组，一般不会参考单个电池容量 A·h 这个单位，原因是 A·h 很难给人们直观的电池能力大小。比如150A·h的电池到底能使人们驾驶车辆行驶多少公里呢？

在新能源汽车中，利用 kW·h 这个单位去衡量电池容量的大小。kW·h 这个单位也就是常说的"度",比如10kW·h就是指10度电。当给人们一个度的概念后,就能判断出来这电量的大小了,因为可以将这个"度"结合到人们的实际生活中去,10度电就是100W灯泡点亮100h的能量。

去衡量新能源汽车时,如果一台电动汽车动力电池容量标注了24kW·h,就可以粗略判断它可以给我们提供约200km的续航里程(约定俗成的纯电动汽车百公里电耗在13kW·h左右)。

2. 动力电池的类型

动力电池作为新能源汽车特别是纯电动汽车的能源提供装置,也是最为核心的部件。目前动力电池的能量密度、循环寿命、技术成熟度以及成本等关键性指标成为制约电动汽车大规模产业化的因素,动力电池在整个新能源汽车特别是纯电动汽车中的成本约占到30%以上。

目前市场上主流的动力电池主要有:铅酸电池、镍氢电池、锂离子电池。这三种类型电池的优缺点见表1-1。

表1-1 三种类型电池优缺点比较

电池类型	优 点	缺 点
铅酸电池	可以大电流进行放电、使用温度范围很宽、可逆性好、原材料来源丰富、制造工艺简便、价格便宜	单位体积存储的电量较少、材料存在污染性、且有毒
镍氢电池	单位体积存储的电量多、可快速充放电、低温性能良好、可密封、耐过充过放能力强、安全可靠、对环境无污染、无记忆效应	价格高
锂离子电池	开路电压高(单体电池电压高达3.6~3.8V)、同体积存储的电量比镍氢电池还要大、循环寿命长、无公害、无记忆效应、自放电小	过充放电的保护问题、成本很高、不能用大电流放电

3. 电池电压

电池电压在新能源汽车中主要指的是整个动力电池组的电压。这个参数用于衡量电动汽车采用的导线质量以及电池自身容量的大小。

电动汽车动力电池无论是采用什么类型的电池,都是由很多的单个电池单元进行并、串联组成的,这样用于提高整个电池的容量和输出电压。

电动汽车需要提高输出电压来降低从动力电池到驱动电机之间电能的损耗,并减小传递电能导线的尺寸。例如,对于一个50kW的电机,如果采用30V电压输出,那么额定工作时的输出电流将会是50kW/30V=1600A,这将需要一根很粗的导线,但是如果能够将电压提高到300V,那么它最大输出的电流将只有160A。

二、驱动功率

驱动功率是衡量新能源汽车动力性的重要指标,直接影响到汽车的加速性能和最高车速。

纯电动汽车的驱动功率唯一的来源就是驱动电机;而混合动力汽车的驱动功率在纯电动行驶模式下,是由电机来提供的,在混合动力驱动模式下一般是内燃机与电机的组合。

目前应用在新能源电动汽车中的驱动电机主要有直流电机、异步电机、永磁同步电机和开关磁阻电机4种形式（见表1-2），其中永磁同步电机是目前市场上电动汽车的首选驱动电机。

表 1-2 典型电机的性能特性

性能及类型	直流电机	异步电机	永磁同步电机	开关磁阻电机
转速范围/(r/min)	4000～6000	12000～20000	4000～10000	＞15000
功率密度	低	中	高	较高
电机重量	重	中	轻	轻
电机体积	大	中	小	小
可靠性	一般	好	优良	好
结构坚固性	差	好	好	好
控制器成本	低	高	高	一般

驱动电机的参数关系到汽车的动力性能，电机输出功率的大小就类似于传统汽车内燃机的输出功率。输出功率越大，车辆行驶的最高车速越高；输出扭矩越大，加速性能越好，如图1-10比亚迪腾势纯电动汽车的电机功率达到了86kW，这相当于一台2.0L排量的发动机所输出的功率。

1. 电机功率

电机最大功率是指该车的电机可以实现的最大功率输出，功率使用kW作单位。在纯电动汽车上，最大功率往往反映是最高车速，用来描述汽车的动力性能，体现电机在瞬间超负荷运转的能力。

很多纯电动汽车或是混合动力汽车可能会搭载有2台及以上的电机，这主要是因为单一的电机随着功率的提升其体积也会随之增加，出于车辆空间布置的考虑一般将2台及以上电机通过合适的齿轮机构进行组合实现动力的整体配合输出。图1-11是普锐斯混合动力变速器内2个电机的位置。

电机总功率	86kW
电机总扭矩	290N·m

图 1-10 比亚迪腾势纯电动车与电机参数

图 1-11 普锐斯混合动力变速器内的电机

此外，有的车型还会单独布置前驱电机或后驱电机，即可能会出现一台电机输出的动力仅传递到前轮上，另一台电机输出的动力仅传递到后轮上的情况。如图1-12所示。

后驱电机
最大功率:477马力
最大扭矩:600N·m

前驱电机
最大功率:224马力
最大扭矩:330N·m

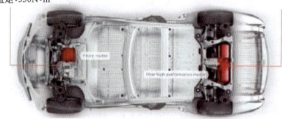

图 1-12　前、后驱电机

2. 电机扭矩

电机最大扭矩,也是电机最重要的参数,常用单位为 N·m(牛·米)。电机最大扭矩与电机的转速和功率有关,在功率一定的情况下,扭力越大转速就越低,扭力越小转速就越高。纯电动汽车中对电机最大扭矩比较看重,因为低速扭矩较大的车辆,其加速性能就会越好。电机扭矩关系如图 1-13 所示。

三、充电时间

新能源汽车其中还有一个很重要的参数就是充电时间,是指采用指定的方式,对一辆新能源汽车的电池电量处于最低状态下,进行充满电所需要的时长。充电时间的长短也已经影响到一个消费者对购买新能源汽车车型的选择了。

充电时间的长短与很多因素有关,这既包括本身车辆的电池容量、设计的充电方式,也包括充电时的环境因素。

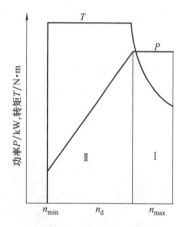

图 1-13　电机扭矩关系

但是,真正影响充电时长的应该是车辆本身的设计因素,如电池容量和充电的方式。总的说来电池容量越大,其相对应的充电时间也就会越长。

目前,大多数的纯电动汽车快充需要 30min 可充 50%,1~1.5h 就充满了,慢充需要 6~12h 左右。表 1-3 是几种典型的纯电动汽车充电时间比较。

表 1-3　典型的纯电动汽车充电时间比较

比亚迪 e6 2016 款 400 豪华型	荣威 e50 2015 款标准型	北汽 EV 系列 2015 款 EV200 轻快版
快充 1.5h,慢充 8h	慢充 6~8h	快充 1h,慢充 8~9h

充电方式分为快充和慢充。这里所说的快充与慢充有两种解释。

第一种解释是：早期的快充一般指的是采用直流的方式进行充电，即给车辆充电的是外部的充电桩，充电桩会直接将一个220V的电网电转变成与车辆内动力蓄电池相同的电压直流电，通过车辆上设计的直流充电接口就可以直接给内部的动力蓄电池直流充电了。这种充电方式形式直接，充电电流大，因此充电时间相对会短。例如图1-14所示比亚迪E6的快速充电接口，可以清楚地看到接口的电线是2个很粗的插孔。

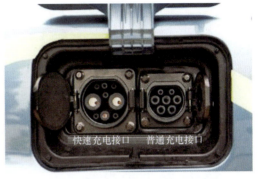

图 1-14　比亚迪 E6 左侧快速充电接口

慢充指的是利用车辆自身的部件，将外部 220V 电网的电压转变为适合动力蓄电池的直流电压对车辆进行充电。由于车辆自身转变电压受部件功率的影响，因此此类充电的时间较长，称之为慢充。如图1-25右侧的普通充电接口，即为慢充接口。

另一种解释是：目前很多纯电动汽车和插电式混合动力汽车所指的充电方式，即车辆只设计了一个充电接口，即国家标准的充电接口（图1-15）。在充电的时候，内部转换器采用有2种功率输出，对应的充电电流也就不同，分别为32A和16A，把16A的通常称为"慢充"，32A的称之为"快充"。

图 1-15　标准充电接口

四、百公里耗电量

传统汽车的车主需要支付燃油的费用，而电动汽车需要支付充电的费用，相对于传统汽车的百公里油耗而言，新能源汽车（电动汽车）涉及百公里耗电量。新能源汽车主要电力消耗分布如图1-16所示。

如果从新能源汽车使用经济性的角度评价，百公里耗电量（图1-17）给车主提供的最直观的感受就是带来的新能源汽车行驶费用降低。

例如，以福克斯和北汽EV200为例来对比下燃油车与电动汽车在用车成本方面的差

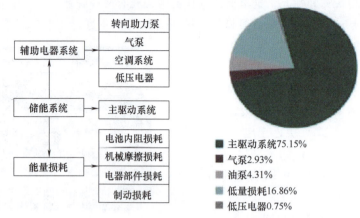

图 1-16 电动汽车主要电力消耗分布

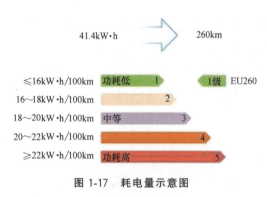

图 1-17 耗电量示意图

异。按照一年 2 万公里的标准行驶里程计算，计算的费用如下。

油费：以福克斯 2014 款两厢经典 1.8L 手动酷白典藏版为例，该车百公里工况油耗为 8.3L，以北京 95♯汽油 7.57 元/L 的价格计算，油费＝行驶里程÷100×百公里油耗×燃油价格。最后算出福克斯 2014 款两厢经典 1.8L 手动酷白典藏版 2 万公里的燃油总支出＝20000÷100×8.3×7.57＝12566 元。

按照工业用电平均一度电约 0.8 元/每度电，北汽 EV200 百公里耗电量 14.5kW·h，电费＝行驶里程÷100×百公里耗电量×电价，最后算出北汽 EV200 一年的电费总支出＝20000÷100×14.5×0.8＝2320 元。

两者费用上相差了近 1 万元。因此，百公里电耗越低的车辆，其经济性也就越好。

第三节 新能源汽车的类型及特点

区别于使用常规燃料（汽油或柴油）的传统汽车，新能源汽车是指采用非常规车用燃料作为能源，或者使用常规车用燃料、但同时采用新型车载动力装置的新型汽车。新能源汽车主要包括纯电动汽车、混合动力汽车、氢能源动力汽车、燃料电池汽车、太阳能汽车以及其他一些类型汽车，其中，纯电动汽车、混合动力汽车和燃料电池汽车又归类为电动汽车。纯电动汽车技术处于逐渐发展的过程，其对电池组要求较高，所使用的电池组有很多的局限性，受到成本高、续驶里程短、充电时间长、电池电解液污染等问题的困扰；燃料电池的成本高、氢的储存和运输存在技术问题，所以燃料电池汽车的应用也很少；而混合动力汽车技术相对成熟，不受上述问题的限制。因此，混合动力技术成为了世界范围内一个新的开发和研究热点。以丰田普锐斯（Prius）为代表，混合动力汽车已经在北美、日本和欧洲成功实现了商业化。其他一些类型的新能源汽车，如太阳能汽车、氢能源动力汽车等，尚处于试验阶段，距离商业化生产还有很长的时间。本节将对新能源汽车的类型进行详细的介绍。

一、混合动力汽车技术

2003年，联合国将"混合动力汽车"的定义规定为，混合动力汽车（Hybrid Electric Vehicle，HEV）是"为了推动车辆的革新，至少拥有两个能量变换器和两个能量储存系统（车载状态）"的车辆。

当前研发的混合动力汽车，多采用电机作为主要动力或者作为辅助动力。也就是说，由蓄电池和电机组成辅助动力单元（Auxiliary Power Unit，APU），必要时给汽车提供一定的动力。国际电工委员会电动汽车技术委员会建议对混合动力汽车的定义为，有多于一种的能量转换器提供驱动力的混合型电动汽车，即使用蓄电池和副能量单元的电动汽车。副能量单元指的就是以某种燃料作为能源的原动机或者电机组。燃料主要包括柴油、汽油或者液化石油气、天然气、酒精等。原动机主要是内燃机及其他热机。通过混合动力系统实现汽车在动力性、经济性、排放等方面性能指标的显著提升

混合动力汽车是在传统汽车的基础上发展起来的产物，不但拥有传统内燃机汽车的特点，同时还具备其他一些优点。与传统汽车相比经济性良好是其突出的优点，混合动力汽车可以在传统汽车的基础上实现节油30%～50%，混合动力汽车在当前环境与能源问题的背景下具有相当大的优势。混合动力系统作为混合动力汽车的核心技术，其性能与整车的性能息息相关。混合动力系统经过多年的发展，已经逐渐由原来的离散化结构向集成化方向发展。根据其传动系统的拓扑结构或者动力总成配置和组合方式的不同，混合动力汽车可以分成串联式、并联式以及混联式三种类型。

图1-18所示为世界上第一款混合动力汽车，是1997年丰田汽车公司推出的普锐斯车型。该车型属于混联式构型，采用了THS（Toyota Hybrid System）系统，通过行星齿轮装置的作用，可以实现功率分流与无级变速的功能。普锐斯采用1.5L汽油发动机，可以实现28km/L的燃油目标；排放方面相比于传统汽车，CO_2排放量减少50%，而CO和氮氧化物的排放量仅为传统车的10%。近年来，通用等各大汽车公司也开始研发混合动力汽车，一些车型已经实现商业化。

图1-18　丰田Prius

目前，插电式混合动力汽车（Plug-in Hybrid Electric Vehicle，PHEV），或称可外接充电式混合动力电动汽车，成为了HEV的一个发展方向。自20世纪90年代以来，国外一些大学等机构一直在进行插电式混合动力汽车的研究。1990年Andy Frank教授开始研制插电式混合动力汽车原型车，2001年美国能源部（Department of Energy，DOE）成立了

插电式混合动力汽车国家工程中心。2007年1月美国通用汽车公司（GM）展示了插电式混合动力汽车原型样车雪佛兰 Volt，如图1-19所示。2008年，DOE又宣布了一项插电式混合动力汽车技术的研发与示范计划，在不同地区开展车辆道路运行实验。

图1-19　雪佛兰 Volt

2009年，美国宣布投入24亿美元支持插电式混合动力汽车的研发与产业化。PHEV 已经作为美国联邦政府新一代汽车合作计划（Partnership for a New Generation of Vehicles，PNGV）中实现车辆节能减排的重要技术途径之一。在我国，各大汽车公司也都对插电式混合动力汽车进行了原型样车的开发和技术储备，国家也推出政策大力支持 PHEV 的发展，2012年7月，《节能与新能源汽车发展规划（2011—2020年）》正式发布。政府的汽车产业发展方向非常明确，大力发展纯电动汽车和插电式混合动力汽车。

插电式混合动力汽车是指可以使用电力网对动力电池进行充电的混合动力电动汽车，是在传统混合动力汽车基础上开发出来的一种新型新能源汽车。由于可外接充电，混合动力汽车可以更多地依赖动力电池驱动汽车，可以认为是一种由混合动力汽车向纯电动汽车发展的过渡型产品。相比于传统的内燃机汽车和常规混合动力汽车，PHEV 的燃油经济性得到了进一步提高，二氧化碳和氮氧化物排放也更少，同时，小功率内燃机的配备使 PHEV 在电池电量低时可以使用内燃机继续行驶，这样就解决了纯电动车续航里程不足的难题。所以，在纯电动车车载动力电池技术未取得突破性进展前，PHEV 是一种良好的过渡方案。

PHEV 的特点：低噪声、低排放；介于纯电动和常规混合动力汽车之间，里程短时采用纯电动模式，里程长时采用以内燃机为主的混合动力模式；可在晚间低谷时使用外部电网对车载动力电池进行充电，不仅可以改善电厂发电机组效率问题，而且可以大大降低对石油的依赖，同时用电比燃油便宜，可以降低使用成本；动力电池荷电状态（State of Charge，SOC）必须在很大的范围内波动，属于深度充电深度放电，因此循环工作寿命比较短。总体来说，PHEV 属于一种有较好发展前景的混合动力电动汽车，也是向最终的清洁能源汽车过渡的最佳方案之一。目前各大汽车厂商已相继推出插电式混合动力汽车车型或研发计划，在 HEV 之后，PHEV 极有可能成为下一步的开发热点。

二、纯电动汽车技术

纯电动汽车（Battery Electric Vehicle，BEV）的定义：以车载电源为动力，用电机驱动车轮行驶，符合道路交通、安全法规各项要求的车辆。与传统汽车相比，纯电动汽车对环境的影响较小；与混合动力汽车相比，纯电动汽车以电作为能源，通过电机与动力电池组成动力系统，驱动整车行驶，而不使用传统的内燃机提供动力，这是其与混合动力汽车的最大不同。动力电池和电机作为纯电动汽车的关键部件，虽然当前电池技术尚未发展成熟，但纯电动汽车完美的排放特性使它的前景被广泛看好。图1-20展现的日产（Nissan）Leaf 车型是目前销量较好的纯电动汽车，截至2014年1月，其在全球的销量已经超过10

万辆。

纯电动汽车的优点：污染小，噪声低，纯电动汽车以清洁的电能作为能源，不会产生有害气体，也不会产生 CO_2 等温室气体，也就是说，其基本可以实现"零排放"的特性，电机在工作过程中产生的噪声也远小于传统汽车内燃机的噪声；纯电动汽车更能适应城市工况，能源效率较高，在城市工况下，汽车的行驶平均速度较低，时常处于走走停停的状态，对于传统内燃

图 1-20　日产 Leaf

机汽车来说，这种工况下发动机效率不高，燃油消耗较大，而纯电动汽车对这种情况的适应性较好，同时电能的来源广泛，纯电动汽车对能源的利用效率也较高；纯电动汽车可以通过制动能量回收，回收部分能量；纯电动汽车相比于内燃机汽车结构简单，运转和传动部件少，使用维修方便，并且维修保养工作量小。

从纯电动汽车的特点来看，其具有的诸多优势使它具有广阔的应用前景。但是目前纯电动汽车技术并不成熟，主要问题在于动力电池技术尚不完善。此外，由于纯电动汽车完全以电能作为能源，其对动力电池的要求远远高于混合动力汽车，因此要使纯电动汽车的生产形成一定的规模，必须开发更为先进的动力电池。但是当前的动力电池成本较高，并且寿命较短，无法使纯电动汽车达到理想的续航里程。另外，其安全性等诸多问题也导致了纯电动汽车的应用无法实现大规模商业化，但纯电动汽车作为新能源汽车的一种，其发展潜能巨大，未来具有很大的发展空间。

三、燃料电池汽车技术

燃料电池汽车（Fuel Cell Vehicle，FCV），顾名思义，是使用燃料电池作为能源的汽车。燃料电池的概念是 1839 年 GRGrove 提出的，它是将燃料和氧化剂的化学能直接转化为电能的发电装置。现代燃料电池技术的发展，应追溯到 20 世纪 60 年代的燃料电池——质子交换膜燃料电池的出现，该电池是由美国宇航局与 GE 公司合作开发的第一个现代意义上的燃料电池。燃料电池汽车就是利用燃料电池，将化学能转化为电能，通过电机进行驱动的汽车。燃料电池汽车最大的特点就是不经过燃烧过程，而是直接通过电池将化学能转化为电能。燃料电池所使用的燃料主要有氢、甲醇和汽油等，由于氢燃料电池零排放的特点，当前研究的重点主要是氢燃料电池。

燃料电池按电解质的不同可划分为质子交换膜燃料电池（Proton Exchange Membrane Fuel Cell，PEMFC）、碱性燃料电池（Alkaline Fuel Cell，AFC）、磷酸燃料电池（Phosphoric Acid Fuel Cell，PAFC）、固体氧化物燃料电池（Solid Oxide Fuel Cell，SOFC）、熔融碳酸盐燃料电池（Molten Carbonate Fuel Cell，MCFC）。各类型燃料电池特性如表 1-4 所示。

表 1-4　各类型燃料电池特性

电池种类	质子交换膜燃料电池	碱性燃料电池	磷酸燃料电池	固体氧化物燃料电池	熔融碳酸盐燃料电池
电解质	PEM	KOH	H_3PO_4	Y_2O_3-ZrO_2	$LiCO_3$-K_2CO_3

续表

电池种类	质子交换膜燃料电池	碱性燃料电池	磷酸燃料电池	固体氧化物燃料电池	熔融碳酸盐燃料电池
燃料	氢气	氢气	天然气、甲醇	天然气、甲醇、石油	天然气、甲醇、汽油
导电离子	H^+	OH^-	H^+	O^{2-}	CO_3^{2-}
操作温度/℃	室温~90	65~220	180~220	15~20	30~40
质量比功率/(W/kg)	300~1000	35~105	100~220	15~20	30~40
寿命/h	5000	10000	15000	7000	15000

与传统的内燃机汽车和混合动力汽车相比，燃料电池汽车具有以下一系列优点。

① 污染。燃料电池汽车用氢能作为能量来源，整个生命周期几乎不产生 CO_2 等温室气体。同时，燃料电池汽车还能够有效地减少传统内燃机汽车排放的 SO_x、NO_x 等有害气体。

② 效率高。传统内燃机汽车通过燃烧将化学能转化为热能，最后转化为机械能。而燃料电池汽车直接将氢的化学能转化为电能，中间不经过燃烧过程，因而具有较高的能量转化效率。目前，火力发电和核电的效率为 30%~40%，而燃料电池系统的燃料-电能转换效率为 45%~60%。

③ 低噪声。与传统的内燃机汽车相比，在运行过程中燃料电池比发动机产生的噪声小，燃料电池汽车具有突出的低噪声的特点。

④ 燃料来源多样。燃料电池除了可以采用氢作为能源外，还可以采用甲醇、天然气等常见的燃料。

燃料电池汽车也存在一系列的缺点。

① 对安全性要求高。氢作为燃料电池的主要燃料，其生产、储存、保管、运输和灌装都比较复杂，对安全性要求很高。

② 对密封要求高。在多个单体燃料电池组合成为燃料电池组时为了防止氢气泄漏，单体电池间的电极连接必须要有严格的密封。密封方面的严格要求，使燃料电池组的制造工艺与维修变得复杂。

③ 造价高。目前最有发展前途的质子交换膜燃料电池，需要用贵金属铂作为催化剂。另外，铂在反应过程中受 CO 的作用会失效。铂的使用与失效使质子交换膜燃料电池的造价很高。

④ 需要配备辅助电池系统。燃料电池可以持续发电，但不能充电也不能进行制动能量回收。因此，通常还需要加装辅助电池来进行充电和回收制动时产生的能量。

目前，燃料电池汽车仍处于研究阶段，但世界上已经有 20 余家汽车公司共 90 多种车型的燃料电池汽车问世，国际大型整机厂也纷纷开始了燃料电池汽车的研究。其中具有代表性的厂商包括通用汽车、福特汽车、丰田汽车、本田汽车等。图 1-21 所示为丰田汽车公司开发的一款燃料电池

图 1-21 丰田燃料电池汽车

汽车。另外，通用汽车公司开发的雪佛兰 Equinox 燃料电池汽车，使用压缩氢作为燃料，最高时速可达 160km/h，续驶里程达 320km，其性能已经和普通内燃机汽车相差无几。通用汽车公司开发的另一款氢燃料电池汽车 Sequel，续驶里程高达 482km，0～96.5km/h 的加速时间仅为 10s。

四、氢动力汽车

氢动力汽车就是对现有的发动机加以改造，通过氢气（或其他辅助燃料）和空气的混合燃烧产生能量为汽车提供动力。与氢燃料电池汽车不同的是，氢动力汽车使用的是内燃机，而氢燃料电池汽车是电机，没有氢的燃烧过程。

由欧盟委员会发起并推广的氢燃料内燃机项目（Hy ICE），历经 3 年时间于 2007 年取得了一定的成功。其研发的氢燃料发动机的性能已经可以和传统内燃机相媲美。然而，由于氢燃料加注基础设施的限制，现阶段的氢动力汽车一般也设计为可以同时使用汽油。国外方面 2005 年 1 月，宝马汽车公司首次向北美推出概念跑车 H2R，该跑车采用液氢燃料，0～96km/h 的加速时间仅需 6s，其续驶里程高达 350km，国内方面，2007 年，长安汽车公司开发了国内第一台高效零排放的氢内燃机，并在 2008 年北京车展上展出了自主研发的中国首款氢动力概念跑车"氢程"。

氢动力汽车除了具备氢燃料电池汽车无污染、低排放等优点外还具有以下优势。

① 氢燃烧性能好。氢的热值是现阶段除了核燃料外所有燃料中最高的，其热值为 142.351kJ/kg，大约为汽油热值的 3 倍。另外，氢还具有点燃快、燃烧性能好、与空气混合具有可燃范围广等突出优点。

② 对氢气纯度要求较低。氢动力汽车对氢气纯度要求较低，甚至还可以兼容汽油、柴油等燃料。而现阶段的氢燃料电池汽车一般要达到 99.9％以上的氢气纯度。

③ 技术相对成熟。氢动力汽车中采用的内燃机基于传统汽车内燃机而开发。由于内燃机的发展已经具有超过 100 年的历史，目前其相关的技术已相对成熟，具有良好的稳定性和较长的寿命。

但是，氢动力汽车仍然存在以下缺点。

① 能量转化效率相对较低。虽然氢动力汽车的能量转化效率要高于传统内燃机汽车。但是，氢动力汽车仍然是通过燃烧产生的热能进而转化为机械能，与燃料电池直接将化学能转化为电能相比，其能量转化效率相对较低。

② 具有传统内燃机汽车的缺点。氢动力汽车是基于传统内燃机汽车开发的，因此也存在传统内燃机汽车动力系统复杂、噪声大等缺点。同时与采用电机驱动的车辆相比，其操控性能也相对较差。

五、醇、醚和生物燃料汽车

除了上述新能源汽车外，目前还有以醇、醚和生物燃料为代表的其他有机燃料作为能源的新型汽车。

醇类燃料泛指甲醇（CH_3OH）和乙醇（C_2H_5OH），都属于含氧燃料。醇类燃料既可以直接作为发动机燃料，也可与汽油或柴油配制成混合燃料。与汽油相比，醇类燃料具有较高的输出效率，能耗量折合油耗量较低，排放有害气体少，属清洁能源。甲醇主要从煤和石油中提炼,规模化生产后可降低成本。其缺点在于:产量偏低,成本偏高;具有毒性,泄漏后危害较大;有较强的腐蚀性,对管线的损伤较大。乙醇多由发酵法生产,成本较低。目前国外较多使用醇类与汽油或柴油掺混组成的复合燃料。比例控制在 5%~15% 以下时,可以避免对发动机结构的改造,这种比例的燃料在市场上已经推广。更大比例掺混燃料目前仍处于研究探索阶段。当汽油价格较高时,燃料乙醇具有明显的成本优势。然而,大规模使用燃料乙醇会导致玉米、甘蔗等农作物供不应求、价格上升。随着技术的进步,醇类燃料将有很大的发展使用空间。

使用醚类作为能源的汽车主要指采用燃料二甲醚(CH_3OCH_3)发动机的汽车。二甲醚是一种惰性非腐蚀性有机物,是优良的冷冻剂和燃料的替代品,二甲醚在常温、常压下为无色易燃气体。较高的十六烷值让二甲醚与柴油有相当的性能和热效率。其能量密度大,不会占用过多的体积,使用和存储较为方便。在发动机燃烧时不会产生炭烟,相比柴油,发动机燃烧二甲醚燃料的体积是柴油体积的 2 倍。如果要复原柴油机的动力,则需改造燃油供给系统。但是其生产工艺不适合大规模生产,成本偏高。

生物柴油是指利用植物油和动物脂肪等可再生资源与甲醇进行酯交换而形成的长链脂肪酸甲酯混合物。目前使用的"清洁柴油"是生物柴油与普通(石油)柴油不同比例的混合燃料。通常采用生物柴油的体积分数 Bx 来标称这两种物质的比例,目前主要采用的是 B20 混合柴油(即 20% 的生物柴油+80% 的普通柴油)。生物柴油作为汽车燃料具有可再生性、环境友好性和优良的可替代性等突出优势。但是生物柴油也有一系列的缺点:挥发性低,易造成燃烧不完全、冷车不易启动、点火延迟等问题;燃烧残留物呈微酸性,对气缸有一定的腐蚀作用;安定性差,含双键的生物柴油在空气中容易氧化变质;对橡胶零件有害,含有微量甲醇与甘油的生物柴油会降解与它接触的橡胶零件。

新能源汽车具有上述多种类型,但当前技术条件下,混合动力汽车无疑是最具发展前景的一种。同时,近年来,随着混合动力汽车关键技术的不断更新,以及混合动力汽车新车型的不断推出,混合动力汽车市场已经逐渐成熟。混合动力汽车凭借着其自身的优点,受到了汽车行业的重视,同时也经受了市场的考验。这些均使混合动力汽车成为了当前新能源汽车中最为突出且极为重要的一种。

第四节 新能源汽车的生产厂商及代表车型

一、新能源汽车主要生产厂商

世界各国的汽车生产厂商都陆续推出新能源汽车,以下列举部分目前国外和国内新能源汽车生产厂商及代表车型。

1. 国外新能源汽车生产厂商及代表车型

表 1-5 列举了目前国外主要新能源汽车生产厂商及代表车型。

表 1-5　国外主要新能源汽车生产厂商及代表车型

序号	生产厂商	品牌/车型	产品类型
1	特斯拉	Model S/X	纯电动汽车
2	宝马	I3/I8	纯电动汽车
3	大众	Golf GTE	纯电动汽车
4	通用	沃蓝达 PHEV	插电式混合动力汽车
5	丰田	普锐斯	插电式混合动力汽车
6	三菱	欧蓝德 PHEV	插电式混合动力汽车
7	雷诺	Zoe	纯电动汽车
8	日产	leaf	纯电动汽车

2. 国内新能源汽车生产厂商及代表车型

目前国内许多合资合作汽车制造企业、自主品牌汽车制造企业都在大力研发新能源汽车。截至 2017 年底，国内正在或已经建成电动车生产线的厂家超过 200 家（包括商用车、专用车等）。在对汽车业新增产能进行控制的既有方针下，为控制新能源汽车投资的非理性膨胀和加速核心技术的提升，发改委需要以暂停来为良莠不齐的行业投资降温，同时需要制定更高的准入门槛，以加快有竞争力的新能源产业集群的形成。同时，资质审核的标准和要求提高，也将有利于对优质企业的甄别，从政策层面帮助真正有竞争力的企业脱颖而出。表 1-6 列举了目前国内主要新能源汽车主要生产厂商及代表车型。

表 1-6　国内主要新能源汽车生产厂商及代表车型

序号	生产厂商	品牌/车型	产品类型
1	北汽新能源	E150EV、EV160、EV200	纯电动汽车
2	比亚迪	E6	纯电动汽车
3	比亚迪	秦	插电式混合动力汽车
4	上汽荣威	E50	纯电动汽车
5	上汽荣威	E550	插电式混合动力汽车
6	重庆长安	CV11	混合动力汽车
7	奇瑞	瑞麒	纯电动汽车
8	奇瑞	ISG/BSG	油气混合动力汽车
9	江淮汽车	iEV 系列	纯电动汽车
10	上汽集团	帕萨特	燃料电池汽车
11	吉利汽车	熊猫 EK-1	纯电动汽车

二、常见的新能源汽车及特点介绍

1. 特斯拉（TESLA）纯电动汽车

特斯拉公司（Tesla Inc.）是美国一家产销电动车的公司，由马丁·艾伯哈德（Martin Eberhard）工程师于 2003 年 7 月 1 日成立，总部设在美国加州的硅谷地带。特斯拉汽车公司以电气工程师和物理学家尼古拉·特斯拉命名，专门生产纯电动车，生产的几大车型包含 Tesla Roadster、Tesla Model S、Tesla Model X。特斯拉汽车公司是世界上第一个采用锂离子电池的电动车公司，其推出的首部电动车为 Roadster。从 2008 年至 2012 年，公司在 31 个国家销售超过 2250 辆 Roadsters。公司在 2010 年开始为英国和爱尔兰市场生产右侧行驶的 Roadster，并扩大销售至澳洲、日本、新加坡以及中国。2016 年 11 月 22 日，特斯拉宣布，公司已完成对太阳能公司 SolarCity 的收购交易。

2017 年 2 月 1 日，特斯拉汽车公司（Tesla Motors Inc）正式宣布将该公司的注册名称中含有"汽车"意义的"Motors"一词去掉，改成 Tesla Inc.。

特斯拉开发的第一款车 Roadster，是在莲花汽车公司（Lotus）的 Elise 跑车基础上开发。电动汽车最主要的三项技术是电池、电机和传动系统。特斯拉的传动技术来自 AC Propulsion 公司；它的电池采购自松下生产的 18650 电池；它的电机，采购自中国台湾富田电机。这种交流电机的源头，可以追溯到一百五十多年前的天才发明家尼古拉·特斯拉（Nikola Tesla）——特斯拉的公司名正是以这位发明家的名字命名的。

（1）Tesla Model S

在特斯拉汽车公司中，Tesla Model S（图 1-22）是由 Tesla 汽车公司制造的全尺寸高性能电动轿车，它的竞争对手则直指宝马 5 系。该款车的设计者 Franz von Holzhausen，曾在马自达北美分公司担任设计师。Tesla Model S 拥有独一无二的底盘、车身、发动机以及能量储备系统，具有自动驾驶、智能空气悬架、车载双充电器等特色。Model S 配置不同的动力电池的性能（见表 1-7），Model S 的标准充电配备为车载充电器和一个 40A 的单相壁挂式连接器。根据电源，可实现每小时充电行驶里程长达 50km 左右的充电率。

表 1-7　特斯拉技术参数

配置动力电池 /(kW·h)	输出功率 /kW	续驶里程(转速) /km	加速时间 (0~100km)/s	最高车速 /(km/h)
60	283	345(105km/h)	6.2	190
80	283	460(105km/h)	5.6	225

图 1-22　特斯拉 Model S

（2）Tesla Model S P85D

特斯拉 Model S P85D 配备全驱系统，最高时速可以达到 155miles/h，增设的雷达和摄像头可以识别行人和路标，实现自动泊车、高速公路自动驾驶、堵车自动跟随等功能。

新车型对于驾乘者而言最大的变化是由原来的两轮驱动提升为四轮全驱，而这背后依托的是两个电机，一个电机驱动后轮，配合另一个较小的电机驱动前轮。

新车型比同型号的 Model S 续航历程上提升 10 英里（16km），即最大续航历程可达到 275 英里（442km）。

2015 年 7 月 20 日，推出了三款车型，分别是旗舰版 Model S P90D、最长里程版 Model S 90D/Model S 90 和入门版 Modle S 70。其中 P90D、90D 都是双电机四轮驱动的版本，Model S 90 则是单电机后轮启动的版本。

Model S 此次的一大更新是搭载了密度更高的 90kW·h 电池组，比先前的 85kW·h 电池组增加了 15 英里的里程，在 65miles/h 的时速下续航里程达 300 英里。

另外，最新入门版的 Model S 70 售价 7 万美元，搭载 70kW·h 的电池组，比先前的入门版便宜了 5000 美元，进一步降低了购买特斯拉的门槛。

（3）折叠 Model X

特斯拉 Model X 车型使用纯电动力，拥有 P90D 和 90D 两个版本，标志性的后排"鹰翼门"成为了新车最大的亮点。如图 1-23 所示。

外观方面，特斯拉 Moedl X 基本延续了此前原型车的整体线条和造型，仅在部分细节方面进行了量产化设计。新车的前大灯组造型更加犀利，并融入了 LED 光源，前中网造型与特斯拉 Model S 非常相似，此外该车还配备有全新造型的前保险杠。

车身方面，Model X 车身设计高挑，全新的轮圈造型看起来更加具有力量感，而新车的最大亮点在于延续了原型车上的后排"鹰翼门"设计，这种造型虽然夸张，但是对于进出该车第三排的乘客而言却非常便利。据特斯拉官方介绍，Model X 风阻系数仅为 0.24，同时标配自动扰流板，能够自动调整 3 个位置，在 72km/h 的速度下扰流板自动开启，在最高时速下，扰流板将被部分收回，以提升高速驾驶效率（+1.6%）。

动力系统方面，特斯拉 Model X 采用双电机全轮驱动技术，前电机提供 263 马力，后电机提供 510 马力，最高时速达 249km/h。前后电机扭矩总值达到 967N·m。特斯拉 Model X P90D 车型的 0～100km/h 加速时间为 3.2s，最大续航里程为 402km；特斯拉 Model X 90D 车型的 0～100km/h 加速时间为 4.8s，最大续航里程为 414km。

图 1-23　特斯拉折叠 Model X

2. 丰田普锐斯混合动力汽车

1997 年，丰田（TOYOTA）油电混合动力汽车普锐斯（PRIUS）的问世掀开了混合动力汽车的序幕。新一代普锐斯（图 1-24）已经成为领导新时代潮流的混合动力汽车的典范。在能源危机和环境问题凸显之前，TOYOTA 前瞻性地将研发混合动力纳入长远规划；在倾注了 TOYOTA40 多年的心血后，PRIUS 普锐斯率先以未来的精湛工艺将前卫的设计概念执行到完美，更领先时代地搭载了一系列高智能科技。PRIUS 普锐斯以世界首款量产混合动力车的身份，携全球销量 50 万辆的傲人佳绩，令整个车坛和时尚界同时瞩目，更当之无愧地作为科技先驱，在今天启动未来。

图 1-24 丰田普锐斯混合动力汽车

丰田 THS（Toyota Hybrid System）系统是典型的混联式混合动力系统。最早被用于 1997 年 10 月发布的第一代普锐斯上。THSⅡ的主要总成全部由丰田汽车公司自主开发。通过对电源系统、驱动电机、发电机电池组等的革新，全面提升了系统性能。系统构成包括：两个动力源（采用高膨胀比循环的高效汽油发动机和输出功率提升至 1.5 倍的永磁式交流同步电动机）及其驱动电机、发电机、内置动力分离装置的混合动力用变速箱、混合动力用高性能镍氢电池组、动力控制总成。

THSⅡ的工作状态与人们所熟悉地将汽油发动机作为动力提供装置的普通汽车不同，普锐斯的动力由两部分组成，除了发动机外还多出了电动机（永磁式同步交流电动机）和混合动力车专用蓄电池（密封镍氢电池），这样蓄电池的电力也可以为车辆提供部分动力，达到节省燃油的目的。

在普锐斯的整个行驶过程中到底是用发动机还是用电机来驱动汽车是要根据车辆的行驶状态来决定的，发动机只有在普通行驶和全面加速的两个阶段中运转，消耗燃料，而在减速制动阶段由车轮来驱动电机将车辆制动能量转换成电能并进行回收将被再次利用。

普锐斯（PRIUS）作为世界首款量产的混合动力车，它改变了人们基于传统汽车的评判标准。通过 TOYOTA 油电混合动力系统将汽油发动机与电动机进行组合，在达成高水平的燃油经济性和环保性能的前提下，实现了出色的动力性，并创造了舒畅的驾驶乐趣和良好的静谧性。在城市工况下，排量为 1.5L 的 PRIUS 达到了相当于 2.0L 传统车型的动力性能；而油耗仅相当于 1.0L 的传统车型。

3. 比亚迪新能源汽车

比亚迪是中国汽车企业中，或者也可以说是世界的汽车企业中，坚持新能源汽车发展战略最坚强的公司之一。中国在新能源汽车战略上起起伏伏，新能源汽车的战略发展方向也有不同的探讨。但是比亚迪却一直咬定青山不放松，新能源汽车战略始终被作为比亚迪的战略方向。从最早的纯电动车 E6，到插电式混合动力汽车 F3，比亚迪几乎没有在新能源汽车发展战略上中断过。

比亚迪 E6（图 1-25），是比亚迪自主研发的一款纯电动跨界车（crossover），它兼容了 SUV 和 MPV 的设计理念，是一款性能良好的跨界车。

E6 最大的亮点，是采用电力驱动。其动力电池和启动电池均采用比亚迪自主研发生产的 ET-POWER 铁电池，不会对环境造成任何危害，其含有的所有化学物质均可在自然界中被环境以无害的方式分解吸收,能够很好地解决二次回收等环保问题,是绿色环保的电池。铁电池经过高温、高压、撞击等试验测试,安全性能非常好,短路爆炸概率小。在能量补充方面,E6 可使用 220V 民用电源慢充,快充为 3C 充电,15min 可充满电池约 80%。纯电动车 E6 已通过国家强制碰撞试,比亚迪做了大量测试,包括 8 万~10 万公里道路耐久试验,以及在软件控制等方面都有了很大的改进。

图 1-25　比亚迪 E6 纯电动汽车

比亚迪 E6 整体时尚大气。其车身尺寸为 4554mm×1822mm×1630mm,轴距达到 2830mm,较为宽大的车身内部仅设五座,人均空间十分宽敞。虽然装载能力十分强大,但是比亚迪 E6 将庞大的电池系统放到了行李舱及后座下方。

比亚迪 E6 最高车速可达 160km/h,而百公里能耗约为 20kW·h,只相当于燃油车 1/4~1/3 的消费价格。E6 续驶里程超过 300km,为同类车型之冠。

比亚迪秦(图 1-26)是比亚迪公司自主研发的 DM 二代(在纯电动和混合动力两种模式间进行切换)的高性能三厢轿车。比亚迪·秦自 2012 年北京车展推出后,一直受到广大用户欢迎。

图 1-26　比亚迪秦混合动力汽车

动力方面,比亚迪秦双冠版依旧采用的是第二代 DM 双模混动技术,相比第一代 DM 双模混动技术,比亚迪的第二代 DM 双模混动系统主要通过换装更加高效强劲的 TID 总成、高转速电机、集成式电机控制器、更安全的铁电池等实现了更强的动力性能和更优的经济性能。

秦双冠版搭载一台 1.5T 发动机和电动机组成的插电式混动系统,其综合最大输出功率为 217kW,峰值转矩 479N·m。电池组的容量为 13kW·h,在纯电动状态下的最大续驶里程为 70km。

混合动力模式下 0~100km/h 加速时间仅为 5.9s,最高时速可达 185km,百公里综合油耗仅 2L。秦在纯电状态下可连续行驶 70km,满足日常代步需求,长途旅行电量耗完后也可用 1.5TID 动力总成单独驱动,突破了新能源车续驶不足的瓶颈。

4. 荣威新能源汽车

荣威(ROEWE)是上海汽车工业(集团)总公司旗下的一款汽车品牌,于 2006 年 10 月推出。该品牌下的汽车技术来源于上海汽车之前收购的罗孚,但上海汽车并未收购"罗孚"品牌。2006 年 10 月 12 日,上海汽车(集团)股份有限公司正式对外宣布,其自主品牌定名为"荣威(ROEWE)",取意"创新殊荣、威仪四海"。荣威的品牌在 4 年时间里面发展迅速,其产品已经覆盖中级车与中高级车市场,"科技化"已经成为荣威汽车的品牌标签。

荣威 E50 纯电动汽车（图 1-27），由上汽集团历时 3 年自主研发而成。荣威 E50 纯电动汽车搭载了高性能的电驱动力及电控系统，其中包括磷酸铁锂高压电池系统、完全自主研发的永磁同步驱动电机、整车热管理系统、电动助力转向系统、电机控制器、车载高压充电器、电动空调压缩机、制动能量回收控制等具有高技术含量的核心部件。

荣威 E50 纯电动汽车的最大续驶里程达到 180km，0～50km/h 加速时间 5.3s，百公里加速时间为 14.6s，该电池总能量为 18kW·h 时，具有快充和慢充两种充电模式，一次充电后荣威 E50 在城市工况下的续驶里程在 120km 以上。

荣威 E50 的充电方式有慢充和快允两种。慢充：充电接口的结构采用国家统一标准，可以直接采用 220V 16A 普通家用电源插座进行充电，也可以采用充电桩对车辆进行充电。快充：充电口的设计满足额定电流为 180A 充电能力，符合国家标准的尺寸、物理结构等方面的要求。可在 30min 内将电池充至 80%。

荣威 E50 是国内第一个使用电子驻车制动器的微型汽车，配载的人性化 SMARTHOLD 电子驻车制动器系统，具备自动释放、熄火拔出钥匙后可自动驻车，坡道辅助起步等功能；在行车制动器失灵时可作为紧急制动使用，通过先进科技避免抱死滑移，从而提升行车安全。

荣威 E50 配置智能车内人机交互系统。全彩高分辨率 6.5 英寸全集成式多功能触摸屏，提供细腻的画面质量，娱乐，空调等都实现全触摸控制。潮流必备的一体式触摸娱乐系统，随车装备 AUXIN、USB、SD 等潮流接口，支持视频、音频、电子书等设备的便捷读取。

荣威 E550 混动版（图 1-28），采用上汽自主研发的插电式混合动力系统，燃油动力方面使用的是一台 1.5VCT 发动机。

图 1-27　荣威 E50 纯电动汽车

图 1-28　荣威 E550 混合动力汽车

荣威 E550 的内饰保持一贯的简约风格，各区域按键以及功能分区都清晰明了，中控台采用全黑的内饰配色，并加以银灰色装饰板点缀，并不显得沉闷。多媒体按键被放置在中控台的中层，与下层的空调按键分隔开来，值得一提的是，按键的手感和旋钮的阻尼设定都较为均衡，操作起来也较为顺手，整体表现值得称道。

动力方面，新款荣威 E550 依然维持现款配置，但对电动机以及牵引电机进行优化，提供 147kW 的最大功率与 599N·m 的峰值转矩。新的动力单元百公里加速时间由 10.5s 缩短至 9.5s，动力提升明显

经过升级优化之后，新款荣威 E550 在纯电动行驶下，续驶里程能够达到 60km，综合

续驶里程达500km，较长的续驶里程也是插电式混合动力车型的优势所在。值得一提的是荣威的动力电池获得美国UL2580安全认证，并且厂家给电池提供长达8年16万公里的衰减承诺，保证8年或行驶16万公里后电池的衰减不超过30%。

5. 北汽新能源纯电动汽车

北京新能源汽车股份有限公司（简称北汽新能源）是由世界500强企业北京汽车集团有限公司发起并控股，联合北京工业发展投资管理有限公司、北京国有资本经营管理中心、北京电子控股有限责任公司共同设立的新能源汽车产业发展平台。目前，北汽新能源已形成辐射全国的产业布局，并与美国Atieva公司、德国西门子、韩国SK等著名企业开展了成功的合作，大大增强了技术实力和研发实力。截至目前，主要推出的车型有E150EV，绅宝EV，EV160、EV200、EU260、ES210等。

北汽E150EV（图1-29），是吸取了国际前沿的"科技、品质、安全、环保"的造车理念，融汇多年成熟经验，集成国际资源打造的一款精品自主A0级轿车。

北汽E150EV定位追求技术潮流的个人用户，纯电动轿车，能耗低、节能效果显著，最高时速120km，续驶里程150～200km。能耗低、节能效果显著，拥有新功能主义的设计风格、科技智能化前瞻配置、硬朗与舒适并存的底盘调校、先进而丰富的娱乐系统、跃级空间享受、BOSCH ABS+EBD9.0系统以及五星安全保障。

北汽EV160（图1-30），是北汽新能源于2015年3月推出的一款纯电动汽车，是一款售价亲民、适合城区普通家庭使用的精品自主A0级轿车。

图1-29 北汽E150EV新能源汽车

图1-30 北汽EV160新能源汽车

作为E150EV的垂直换代车型，EV160轻快版在外观内饰、行驶里程及科技化配置等方面得到了全方位系统化升级，综合品质得到大幅提升。选用普莱德磷酸铁锂电池，电池蓄电量为25.6kW·h，综合工况下续驶里程超过160km，经济时速下，续驶里程可达到200km。搭载北汽自主研发的高性能轻量化永磁同步电动机，最大功率53kW，0～50km/h加速时间仅为5.3s，最高车速为125km/h，性能全面匹敌2.0L排量传统燃油发动机，与传统燃油车体验无异。车载中央信息系统娱乐功能丰富，拥有8英寸大屏液晶显示器，集合娱乐、导航、蓝牙、互联等多项功能于一身，车载GPS采用凯立德车载导航系统。

北汽EV200（图1-31），是北汽新能源于2014年底推出的一款纯电动汽车，是一款集动感时尚、超强性能、科技配置、贴身安全、健康环保五大亮点为一体的一款精品自主A0级轿车。

图 1-31　北汽 EV200 新能源汽车

北汽 EV200 最厉害的"杀手锏"当属其超长的续驶能力，综合路况下续驶可超 200km，经济时速下续驶可达 260km。即使是在北京这样的超大城市，该续驶能力也完全能满足任何日常出行。该款车型已于 2015 年 3 月 20 日上市，上市短短半年时间，便在业界赢得良好口碑。

第二章　新能源汽车关键技术

第一节　电源系统结构原理

电动汽车电源系统主要由动力电池、电池管理系统、车载充电机、辅助电源等组成，其功用是向用电装置提供电能、监测动力电池使用情况以及控制充电设备向蓄电池充电。

一、动力电池主要性能指标

电动汽车上的动力电池主要是化学电池，即利用化学反应发电的电池，可以分为原电池、蓄电池和燃料电池；物理电池一般作为辅助电源使用，如超级电容器。

动力电池是电动汽车的储能装置，要评定动力电池的实际效应，主要是看其性能指标。动力电池性能指标主要有电压、容量、内阻、能量、功率、输出效率、自放电率、使用寿命等，动力电池种类不同，其性能指标也有差异。

1. **电压**

电池电压主要有端电压、标称（额定）电压、开路电压、工作电压、充电终止电压和放电终止电压等。

（1）端电压　电池的端电压是指电池正极与负极之间的电位差。

（2）标称电压　标称电压也称额定电压，是指电池在标准规定条件下工作时应达到的电压。标称电压由极板材料的电极电位和内部电解液的浓度决定。铅酸蓄电池的标称电压是 2V，金属氢化物镍蓄电池的标称电压为 1.2V，磷酸铁锂电池的标称电压为 3.2V，锰酸锂离子电池的标称电压为 3.7V。

（3）开路电压　电池在开路条件下的端电压称为开路电压，即电池在没有负载情况下的端电压。

（4）工作电压　工作电压也称负载电压，是指电池接通负载后处于放电状态下的端电压。在电池放电初始的工作电压称为初始电压。

(5) 充电终止电压　蓄电池充足电时，极板上的活性物质已达到饱和状态，再继续充电，电池的电压也不会上升，此时的电压称为充电终止电压。铅酸蓄电池的充电终止电压为 2.7～2.8V，金属氢化物镍蓄电池的充电终止电压为 1.5V，锂离子蓄电池的充电终止电压为 4.25V。

(6) 放电终止电压　放电终止电压是指电池在一定标准所规定的放电条件下放电时，电池的电压将逐渐降低，当电池再不宜继续放电时，电池的最低工作电压称为放电终止电压。如果电压低于放电终止电压后电池继续放电，电池两端电压会迅速下降，形成深度放电。这样，极板上形成的生成物在正常充电时就不易再恢复，从而影响电池的寿命。放电终止电压和放电率有关，放电电流直接影响放电终止电压。在规定的放电终止电压下，放电电流越大，电池的容量越小。金属氢化物镍蓄电池的放电终止电压为 1V，锂离子蓄电池的放电终止电压为 3.0V。

2. 容量

容量是指完全充电的蓄电池在规定条件下所释放的总的电量，单位为 A·h 或 kA·h，它等于放电电流与放电时间的乘积。单元电池内活性物质的数量决定单元电池含有的电荷量，而活性物质的含量则由电池使用的材料和体积决定，通常电池体积越大，容量越高。电池的容量可以分为额定容量、n 小时率容量、理论容量、实际容量、荷电状态等。

(1) 额定容量　额定容量是指在室温下完全充电的蓄电池以 $1I_1$（A）电流放电，达到终止电压时所放出的容量。

(2) n 小时率容量　n 小时率容量是指完全充电的蓄电池以 n 小时率放电电流放电达到规定终止电压时所释放的电量。

(3) 理论容量　理论容量是把活性物质的质量按法拉第定律计算而得到的最高理论值。为了比较不同系列的电池，常用比容量的概念，即单位体积或单位质量的电池所能给出的理论电量，单位为 A·h/L 或 A·h/kg。

(4) 实际容量　实际容量也称可用容量，是指蓄电池在一定条件下所能输出的电量，它等于放电电流与放电时间的乘积，其值小于理论容量。实际容量反映了蓄电池实际存储电量的大小，蓄电池容量越大，电动汽车的续驶里程就越远。在使用过程中，电池的实际容量会逐步衰减。国家标准规定新出厂的电池实际容量大于额定容量值为合格电池。

(5) 荷电状态　荷电状态（state of charge，SOC）是指蓄电池在一定放电倍率下，剩余电量与相同条件下额定容量的比值，反映蓄电池容量变化的特性。SOC-1 即表示蓄电池为充满状态。随着蓄电池的放电，蓄电池的电荷逐渐减少，此时蓄电池的充电状态可以用 SOC 值的百分数的相对量来表示电池中电荷的变化状态。一般蓄电池放电高效率区为 50%～80%SOC。对蓄电池 SOC 值的估算已成为电池管理的重要环节。

3. 内阻

电池的内阻是指电流流过电池内部时所受到的阻力，一般是蓄电池中电解质、正负极群、隔板等电阻的总和。电池内阻越大，电池自身消耗掉的能量越多，电池的使用效率越低。内阻很大的电池在充电时发热很严重，使电池的温度急剧上升，对电池和充电机的影响都很大。随着电池使用次数的增多，由于电解液的消耗及电池内部化学物质活性的降低，蓄电池的内阻会有不同程度的升高。电池内阻通过专用仪器测量得到。

绝缘电阻是电池端子与电池箱或车体之间的电阻。

4. 能量

电池的能量是指在一定放电制度下，电池所能输出的电能，单位为 W·h 或 kW·h，它影响电动汽车的续驶里程。电池的能量分为总能量、理论能量、实际能量、比能量、能量密度、充电能量、放电能量等。

（1）总能量　总能量是指蓄电池在其寿命周期内电能输出的总和。

（2）理论能量　理论能量是电池的理论容量与额定电压的乘积，指一定标准所规定的放电条件下，电池所输出的能量。

（3）实际能量　实际能量是电池实际容量与平均工作电压的乘积，表示在一定条件下电池所能输出的能量。

（4）比能量　比能量也称质量比能量，是指电池单位质量所能输出的电能，单位为 W·h/kg。常用比能量来比较不同的电池系统。

比能量有理论比能量和实际比能量之分。理论比能量是指 1kg 电池反应物质完全放电时理论上所能输出的能量；实际比能量是指 1kg 电池反应物质所能输出的实际能量。由于各种因素的影响，电池的实际比能量远小于理论比能量。

电池的比能量是综合性指标，它反映了电池的质量水平。电池的比能量影响电动汽车的整车质量和续驶里程，是评价电动汽车的动力电池是否满足预定的续驶里程的重要指标。

（5）能量密度　能量密度也称体积比能量，是指电池单位体积所能输出的电能，单位为 W·h/L。

（6）充电能量　充电能量是指通过充电机输入蓄电池的电能。

（7）放电能量　放电能量是指蓄电池放电时输出的电能。

5. 功率

电池的功率是指电池在一定的放电制度下，单位时间内所输出能量的大小，单位为 W 或 kW。

电池的功率决定了电动汽车的加速性能和爬坡能力。

（1）比功率　单位质量电池所能输出的功率称为比功率，也称质量比功率，单位为 W/kg 或 kW/kg。

（2）功率密度　从蓄电池的单位质量或单位体积所获取的输出功率称为功率密度，单位为 W/kg 或 W/L。从蓄电池的单位质量所获取的输出功率称为质量功率密度；从蓄电池的单位体积电池所获取的输出功率称为体积功率密度。

6. 输出效率

动力电池作为能量存储器，充电时把电能转化为化学能储存起来，放电时把电能释放出来。在这个可逆的电化学转换过程中，有一定的能量损耗。通常用电池的容量效率和能量效率来表示。

（1）容量效率　容量效率是指电池放电时输出的容量与充电时输入的容量之比，即

$$\eta_c = \frac{C_o}{C_i} \times 100\%$$

式中，η_c 为电池的容量效率；C_o 为电池放电时输出的容量，A·h；C_i 为电池充电时输入的容量，A·h。

影响电池容量效率的主要因素是副反应。当电池充电时，有一部分电量消耗在水的分

解上。此外,自放电以及电极活性物质的脱落、结块、孔率收缩等也降低容量输出。

(2) 能量效率 能量效率也称电能效率,是指电池放电时输出的能量与充电时输入的能量之比,即

$$\eta_E = \frac{E_o}{E_i} \times 100\%$$

式中,η_E 为电池的能量效率;E_o 为电池放电时输出的能量,W·h;E_i 为电池充电时输入的能量,W·h。

影响能量效率的原因是电池存在内阻,它使电池充电电压增加,放电电压下降。内阻的能量损耗以电池发热的形式损耗掉。

7. 自放电率

自放电率是指电池在存放期间容量的下降率,即电池无负荷时自身放电使容量损失的速度,它表示蓄电池搁置后容量变化的特性。自放电率用单位时间容量降低的百分数表示,其表达式为

$$\eta_{\Delta c} = \frac{C_a - C_b}{C_a T_t} \times 100\%$$

式中,$\eta_{\Delta c}$ 为电池自放电率;C_a 为电池存储前的容量,A·h;C_b 为电池存储后的容量,A·h;T_t 为电池存储的时间,常以天、月为单位。

8. 放电倍率

电池放电电流的大小常用"放电倍率"表示,即电池的放电倍率用放电时间表示或者说以一定的放电电流放完额定容量所需的小时数来表示,由此可见,放电时间越短,即放电倍率越高,则放电电流越大。

放电倍率等于额定容量与放电电流之比。根据放电倍率的大小可分为低倍率(0.5C)、中倍率(0.5C~3.5C)、高倍率(3.5C~7.0C)、超高倍率(7.0C)。

例如,某电池的额定容量为20A·h,若用4A电流放电,则放完20A·h的额定容量需用5h,也就是说以5倍率放电,用符号C/5或0.2C表示,为低倍率。

9. 使用寿命

使用寿命是指电池在规定条件下的有效寿命期限。电池发生内部短路或损坏而不能使用,以及容量达不到规范要求时电池使用失效,这时电池的使用寿命终止。

电池的使用寿命包括使用期限和使用周期。使用期限是指电池可供使用的时间,包括电池的存放时间。使用周期是指电池可供重复使用的次数,也称循环寿命。

目前,电动汽车发展的瓶颈之一就是电池价格高。除此之外,成本也是一个重要的指标。

除上述主要性能指标外,还要求蓄电池无毒性、对周围环境不会造成污染或腐蚀,使用安全,有良好的充电性能,充电操作方便,充电时间短,耐振动,无记忆性,对环境温度变化不敏感,寿命长,制造成本低,易于调整和维护等。

表 2-1 动力电池性能比较

电池类型	质量能量密度 /(W·h/kg)	质量功率密度 /(W/kg)	能量效率 /%	循环寿命 /次
铅酸电池	35~50	150~400	80	500~1000

续表

电池类型	质量能量密度 /(W·h/kg)	质量功率密度 /(W/kg)	能量效率 /%	循环寿命 /次
镍镉电池	30～50	100～150	75	1000～2000
镍氢电池	60～80	200～400	70	1000～1500
锂离子电池	100～200	200～350	>90	1500～3000

从表 2-1 中可以看出，锂离子电池由于能量密度高、充放电能量强、能量效率高等优点，已成为电动汽车动力电池的首选。

二、动力电池的主要类型

新能源汽车的储能装置主要包括蓄电池、燃料电池、超级电容、飞轮电池等，其中蓄电池是最常用的能量存储设备。蓄电池，又称二次电池，指的是在放电后可以通过充电的方法使活性物质复原而继续使用的电池，常见的有铅酸蓄电池、镍镉电池、镍氢电池、锂离子电池等。

(一) 铅酸蓄电池

铅酸蓄电池是指正极活性物质使用二氧化铅，负极活性物质使用海绵状铅，并以硫酸溶液为电解液的蓄电池。铅酸蓄电池主要用在低速电动汽车上。

1. 铅酸蓄电池的分类

铅酸蓄电池分为免维护铅酸蓄电池和阀控密封式铅酸蓄电池。

(1) 免维护铅酸蓄电池　免维护铅酸蓄电池由于自身结构上的优势，电解液的消耗量非常小，在使用寿命内基本不需要补充蒸馏水。它具有耐振、耐高温、体积小、自放电小的特点，使用寿命一般为普通铅酸蓄电池的两倍。市场上的免维护铅酸蓄电池有两种：第一种是在购买时一次性加电解液以后使用中不需要添加补充液；另一种是电池本身出厂时就已经加好电解液并封死，用户根本就不能加补充液。

(2) 阀控密封式铅酸蓄电池　阀控密封式铅酸蓄电池在使用期间不用加酸加水维护，电池为密封结构，不会漏酸，也不会排酸雾。电池盖子上设有溢气阀（也叫安全阀），其作用是当电池内部气体量超过一定值，即当电池内部气压升高到一定值时，溢气阀自动打开排出气体，然后自动关闭，防止空气进入电池内部。

阀控密封式铅酸蓄电池分为玻璃纤维（AGM）电池和胶体（GEL）电池两种。AGM电池采用吸附式玻璃纤维棉作隔膜，电解液吸附在极板和隔膜中，电池内无流动的电解液，电池可以立放工作，也可以卧放工作；GEL电池以二氧化硅（SiO_2）作凝固剂，电解液吸附在极板和胶体内，一般立放工作。无特殊说明，皆指 AGM 电池。

电动汽车使用的动力电池一般是阀控密封式铅酸蓄电池。

2. 铅酸蓄电池的结构

铅酸蓄电池的结构如图 2-1 所示。它由正负极板、隔板电解液、溢气阀、外壳等部分组成。极板是铅酸蓄电池的核心部件，正极板上的活性物质是二氧化铅，负极板上的活性物质为海绵状纯铅；隔板用来隔离正、负极板，防止短路，作为电解液的载体，能够吸收大量的电解液，起到促进离子良好扩散的作用；电解液由蒸馏水和纯硫酸按一定比例配制而成，主要作用是参与电化学反应，是铅酸蓄电池的活性物质之一；溢气阀位于蓄电池顶部，起到安全、密封、防爆等作用。

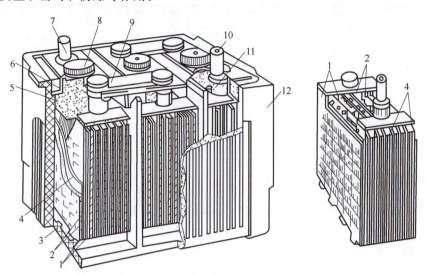

图 2-1 普通铅酸蓄电池的结构

1—正极板；2—负极板；3—肋条；4—隔板；5—护套；6—封料；7—负极柱；8—加液口盖；
9—电极连接条；10—正极柱；11—极柱衬套；12—蓄电池容器

3. 铅酸蓄电池的工作原理

使用铅酸蓄电池时，把化学能转换为电能的过程叫放电。在使用后，借助于直流电在电池内进行化学反应，把电能转变为化学能而储蓄起来，这种蓄电过程称为充电。铅酸蓄电池是酸性蓄电池，其化学反应式为

$$PbO + H_2SO_4 \longrightarrow PbSO_4 + H_2O$$

充电时，把铅板分别和直流电源的正、负极相连，进行充电电解。

阴极的还原反应为

$$PbSO_4 + 2e^- \longrightarrow Pb + SO_4^{2-}$$

阳极的氧化反应为

$$PbSO_4 + 2H_2O \longrightarrow PbO_2 + 4H^+ + SO_4^{2-} + 2e^-$$

充电时的总反应为

$$2PbSO_4 + 2H_2O \longrightarrow Pb + PbO_2 + 2H_2SO_4$$

1859年发明的铅酸蓄电池已有多年的历史，技术成熟，成本比其他蓄电池低得多，铅酸蓄电池广泛用于燃油汽车的启动。而随着铅酸蓄电池的技术发展，适合电动汽车的各种新型蓄电池不断出现，性能也不断提高。但由于铅酸蓄电池的比能量低、循环寿命短、充电时间长，导致其体积较为笨重，循环寿命短，使用成本较高。另外铅是重金属，对人体有毒，存在环境污染。所以目前铅酸蓄电池大多用于低速电动汽车或者其他低速电动车辆上。

（二）锂电池技术

锂离子电池是1990年由日本索尼公司首先推向市场的新型高能蓄电池。与其他蓄电池比较，锂离子电池具有电压高、质量能量密度高、充放电寿命长、无记忆效应、无污染、快速充电、自放电率低、工作温度范围宽和安全可靠等优点。相比于镍氢电池，新能源汽车采用

锂离子电池,可使电池组的质量下降40%~50%,体积减小20%~30%,能源效率也有一定程度的提高。所以锂离子电池逐渐成为新能源汽车动力电池的首选。如图2-2所示。

图2-2 常见的锂离子电池

1. 锂离子电池的分类

（1）按电解质材料分类　根据所用电解质材料的不同,锂离子电池可以分为聚合物锂离子电池和液态锂离子电池。

（2）按正极材料分类　根据正极材料的不同,锂离子电池可以分为锰酸锂离子电池、磷酸铁锂离子电池、镍钴锂离子电池以及三元（镍钴锰）材料锂离子电池。目前应用广泛的是锰酸锂离子电池、磷酸铁锂离子电池和三元锂电池。

（3）按外形分类　根据外形形状的不同,锂离子电池可以分为方形锂离子电池和圆柱形锂离子电池。

2. 锂离子电池的结构

锂离子电池由正极、负极、隔板、电解液和安全阀等组成,如图2-3所示。

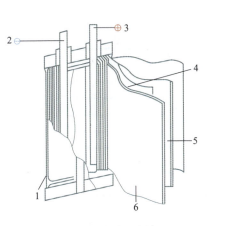
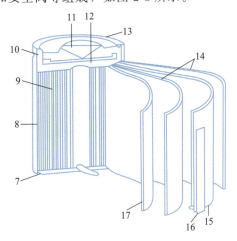

(a) 方形锂离子电池　　　　　(b) 圆柱形锂离子电池

图2-3 锂离子电池结构

1—外壳；2—负极端子；3—正极端子；4,14—隔膜；5,16—负极板；6—正极板；7,9—绝缘体；8—负极柱；
10—密封圈；11—顶盖；12,17—正极；13—安全排气阀；15—负极

(1) 正极　锂离子电池正极是在正极活性物质中加入导电剂、树脂黏合剂，并涂覆在铝基体上，呈细薄层分布。正极活性物质在锰酸锂离子电池中以锰酸锂为主要原料，在磷酸铁锂离子电池中以磷酸铁锂为主要原料，三元材料锂离子电池以镍钴锰锂为主要材料。

(2) 负极　锂离子电池负极是由碳材料与黏合剂的混合物再加上有机溶剂调和制成糊状的负极活性物质涂覆在铜基上，呈薄层状分布。

(3) 隔板　隔板用于关闭或阻断通道，一般使用聚乙烯或聚丙烯材料制成的微多孔膜。可以在电池出现异常温度上升（如外部短路引起过大电流）、阻塞或阻断作为离子通道的细孔时，使蓄电池停止充放电反应。

(4) 电解液　电解液能影响锂离子的倍率放电性能和安全性。为了使主要电解质成分锂盐溶解，需采用高电容率且与锂离子相容性好的溶剂，以不阻碍离子移动的低黏度有机溶液为宜，另外鉴于锂离子电池的工作特性，其电解液还需具备凝固点低、沸点高、有良好的化学稳定性等条件。由于单一溶剂很难满足上述条件，因此锂离子电池的电解液一般为几种不同性质的溶剂的混合，例如：高功率锂离子蓄电池采用的是以 $LiPF_6$ 为电解质盐、以碳酸乙烯酯（EC）和直链碳酸酯组成的混合溶剂为电解液。

(5) 安全阀　为了保证锂离子电池的使用安全性，一般通过对外部电路的控制或者在蓄电池内部设有异常电流切断的安全装置。即使这样，在使用过程中也有可能因其他原因引起蓄电池内压异常上升，这时，安全阀释放气体，以防止蓄电池破裂。安全阀实际上是一次性非修复式的破裂膜，用以保护蓄电池使其停止工作，是蓄电池的最后保护手段。

3. 锂离子电池的工作原理

锂离子电池以有机溶液为电解液，锂化合物 $LiCoO_2$、$LiNiO_2$ 或 $LiMn_2O_4$ 为正极材料，锂-碳层间化合物 Li_xC_6 为负极材料。在充放电过程中，锂离子在电池正极和负极间往返流动，其电化学反应方程式为：

$$Li_xC + Li_{1-x}M_yO_z \longrightarrow C + LiM_yO_z$$

锂离子电池的工作原理，即为其充放电原理，如图2-4所示。当对电池进行充电时，

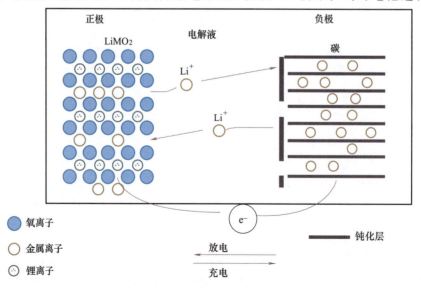

图 2-4　锂离子电池工作原理

电池的正极材料的晶格中有锂离子脱出，脱出的锂离子经过电解液和隔膜运动到负极。而作为负极的锂-碳层间化合物呈层状结构，有很多微孔，到达负极的锂离子就嵌入到微孔中，嵌入的锂离子越多，充电容量越高。

放电则正好相反，锂离子从负极脱出，通过电解液和隔膜，嵌入到正极材料晶格中。整个充放电过程中，锂离子往返于正负极之间。如果把锂离子电池比喻为一把摇椅，摇椅的两端为电池的两极，而锂离子就在摇椅的两端来回奔跑。所以，锂离子电池又被称为摇椅式电池。

由于锂离子电池只涉及锂离子而不涉及金属锂的充放电过程，从根本上解决了由于锂枝晶的产生而带来的电池循环性和安全性的问题。

目前，越来越多的传统式混合动力汽车、插电式与纯电动汽车都采用的是锂离子蓄电池。锂离子蓄电池是20世纪90年代发展起来的高容量可充电电池，比镍氢电池发展的更晚，其能量大于氢镍电池，能存储更多的电能量，而且具有循环寿命长、自放电率小、电池无记忆效应和不污染环境等优点。其主要研究集中在大容量、长寿命和安全性三个方面，成为当前能量存储技术的热点。虽然其从1970年诞生至今时间并不算长，但凭借能量密度高、循环使用寿命长等特点迅速占据了新能源汽车电池市场的绝大部分江山，如今，在售新能源汽车配备的锂电池主要有磷酸铁锂电池和三元锂电池两种，且这两种电池在自身特点上存在显著差异。

磷酸铁锂电池是指用磷酸铁锂作为正极材料的锂离子电池，电池负极是石墨，中间是聚乙烯或聚丙烯材料制成的隔膜板，电池中部的上下端间装有有机电解质，锂离子的电解质由有机溶剂和锂盐组成，对人体组织具有腐蚀性，并且可燃，外壳由金属材料密封。

三元聚合物锂电池（简称三元锂电池）是指正极材料使用锂镍钴锰三元正极材料的锂电池。三元复合正极材料前驱体产品，是以镍盐、钴盐、锰盐为原料，在容量与安全性方面比较均衡的材料，循环性能好于正常钴酸锂。前期由于技术原因其标称电压只有3.5~3.6V，在使用范围方面有所限制，但到目前，随着配方的不断改进和结构完善，电池的标称电压已达到3.7V，在容量上已经达到或超过钴酸锂电池水平。

与磷酸铁锂电池相比，特斯拉MODEL S使用的三元锂电池在质量能量密度上要高出许多，约为200W·h/kg，这也就意味着同样质量的三元锂电池比磷酸铁锂电池的续航里程更长。不过其缺点也显而易见，当自身温度为250~350℃时，内部化学成分就开始分解，因此对电池管理系统提出了极高的要求，需要为每节电池分别加装保险装置。

（三）镍氢电池

目前在美国、日本等发达国家的很多油电混合动力汽车均使用镍氢（NiMH）电池组。镍氢电池是由美国人斯坦福发明，其正极材料是氢氧化镍（NiOH），负极则是金属氢化物，即储氢合金（MH），电解液是30%的氢氧化钾水溶液。这里所谓"储氢合金"是指具有很强吸收氢气能力的金属镍，其单位体积储氢的密度相当于储存1000个大气压的高压氢气。储氢合金能稳定地储气和放气，其工作原理是利用水的氢离子移动反应来获得电流，这时氢气在负极上被逐渐消耗掉。其能量密度（电动汽车的续航能力）与普通的锂电池差距并不大，约为70~100W·h/kg。

镍氢电池于20世纪90年代发展起来，目前技术较为成熟，具有安全性好、无污染、比能量高、快速充放电、循环寿命长等优势。但是其能量效率较低，所以目前在包括丰田普锐斯在内的混合动力汽车上使用广泛。

1. 镍氢电池的结构组成

镍氢电池是一种碱性蓄电池，其结构如图 2-5 所示，主要由正极、负极、分离层、外壳、电解液等组成。镍氢电池正极是活性物质氢氧化镍，负极是储氢合金，分离层是隔膜纸，用氢氧化钾作为电解质，在正、负极之间有分离层，共同组成金属氢化物镍单体电池。在金属铂的催化作用下，完成充电和放电的可逆反应。在圆柱形电池中，正、负极用隔膜纸分开卷绕在一起，然后密封在金属外壳中。在方形电池中，正负极由隔膜纸分开后叠成层状密封在外壳中。

电动汽车用金属氢化物镍氢电池的基本单元是单体电池，按使用要求组合成不同电压和不同电荷量的金属氢化物镍氢电池总成，如图 2-6 所示。

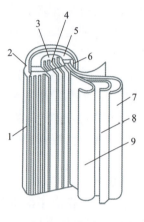
(a) 圆柱形电池

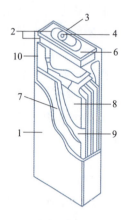
(b) 方形电池

图 2-5 镍氢电池的结构

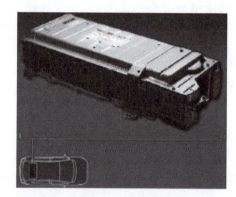

图 2-6 电动汽车用镍氢电池总成

1—盒子（—）；2—绝缘衬垫；3—盖帽（+）；4—安全排气口；
5—封盘；6—绝缘圈；7—负极；8—隔膜；9—正极；10—绝缘体

2. 镍氢电池的工作原理

在充电过程中，水在电解质溶液中分解为氢离子和氢氧离子，氢离子被负极吸收，负极由金属转化为金属氢化物；在放电过程中，氢离子离开了负极，氢氧离子离开了正极，氢离子和氢氧离子在电解质氢氧化钾中结合成水并释放电能。

充电时正、负极的电化学反应为

$$Ni(OH)_2 - e^- + OH^- \longrightarrow NiOOH + H_2O$$

$$2MH + 2e^- \longrightarrow 2M^- + H_2$$

放电时正、负极的电化学反应为

$$NiOOH + H_2O + e^- \longrightarrow Ni(OH)_2 + OH^-$$

$$2M^- + H_2 \longrightarrow 2MH + 2e^-$$

3. 镍氢电池的技术要求

镍氢电池的技术要求分为单体蓄电池的要求和蓄电池模块的要求。单体蓄电池是构成蓄电池的最小单元，一般由正极、负极及电解质等组成，其标称电压为电化学偶的标称电压；蓄电池模块是指一组相连的单体蓄电池的组合。

（1）对金属氢化物镍单体蓄电池的要求

① 外观。在良好的光线条件下，用目测法检查单体蓄电池的外观，外壳不得有变形及裂纹、表面平整、干燥、无碱痕、无污物且标志清晰。

② 极性。用电压表检查蓄电池的极性时，电池极性应与标志的极性符号一致。

③ 外形尺寸及质量。单体蓄电池的外形尺寸及质量应符合生产企业提供的技术条件。

④ 室温放电容量。单体蓄电池按规定方法进行试验时，其放电容量应不低于额定容量，并且不超过额定容量的110%，同时所有测试对象初始容量极差不大于初始容量平均值的5%。

(2) 对金属氢化物镍蓄电池模块的要求

① 外观。在良好的光线条件下，用目测法检查蓄电池模块的外观，外观不得有变形及裂纹、表面平整干燥、无外伤，且排列整齐连接可靠、标志清晰等。

② 极性。用电压表检查蓄电池模块的极性时，蓄电池极性应与标志的极性符号一致。

③ 外形尺寸及质量。蓄电池模块的外形尺寸及质量应符合生产企业提供的技术条件。

④ 室温放电容量。蓄电池模块按规定方法进行试验时，其放电容量应不低于额定值，并且不超过额定容量的110%，同时所有测试对象初始容量极差不大于初始容量平均值的7%。

⑤ 室温倍率放电容量。按照厂家提供电池类型分别进行试验，高能量蓄电池模块按规定方法进行试验时，其放电容量应不低于初始容量的90%；高功率蓄电池模块按规定方法进行试验时，其放电容量应不低于初始容量的80%。

⑥ 室温倍率充电性能。蓄电池模块按规定方法试验时，其放电容量应不低于初始容量的80%。

⑦ 低温放电容量。蓄电池模块按规定方法试验时，其放电容量应不低于初始容量的80%。

⑧ 高温放电容量。蓄电池模块按规定方法试验时，其放电容量应不低于初始容量的90%。

⑨ 荷电保持与容量恢复能力。蓄电池模块按规定方法试验时，其室温荷电保持率应不低于初始容量的85%，高温荷电保持率应不低于初始容量的70%，容量恢复应不低于初始容量的95%。

⑩ 耐振动性。蓄电池模块按规定方法进行耐振动性试验时不允许出现放电电流锐变、电压异常、蓄电池壳变形、电解液溢出等现象，并保持连接可靠、结构完好。

⑪ 储存。蓄电池模块按规定方法试验时，容量恢复应不低于初始容量的90%。

⑫ 安全性。蓄电池模块按规定方法进行短路、过放电、过充电加热、针刺、挤压等试验时，应不爆震、不起火、不漏液。

具体试验方法参照 GB/T 31486—2015《电动汽车动力蓄电池电性能要求及试验方法》和 GB/T 31485—2015《电动汽车用动力蓄电池安全要求及试验方法》。

4. 普锐斯动力电池组简介

第三代普锐斯的动力电池系统由动力电池模组、电池智能控制单元、接线盒、电池采样线、冷却风扇等组成，布置在行李箱内，位置如图 2-7 所示。

通常混合动力汽车的电池组可能由一百多块单体电池组成。带充电系统的电动汽车电池组含多达数百个单体电池。第三代普锐斯动力电池组内部由电池模组、传感器、电池管理器、含接触器的 HV 接线盒总成、动力电池冷却风扇（无电刷）、维修开关等组成，如图 2-8 所示。

镍氢单体电池的额定电压为1.2V,通常由六个或十个单体电池构成一块电压为7.2V或12V的电池模组。丰田普锐斯混合动力车型上就用了这种7.2V一节的电池,如图2-9所示。电容量为6.5A·h,实测每节外形尺寸为274mm×106mm×20mm,质量为1.1kg,有28节串联共计201.6V。每个电池模组均不易泄漏且置于密封壳内,更换电池模块时必须按顺序进行,因为该顺序存储在诊断系统内用于将来进行分析。电解液吸附在蓄电池电池板内,即使发生碰撞也不容易泄漏。

图2-7 第三代普锐斯的动力电池组的安装位置

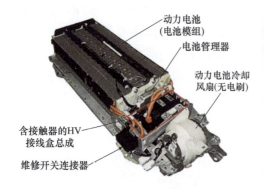

图2-8 普锐斯动力电池组内部结构

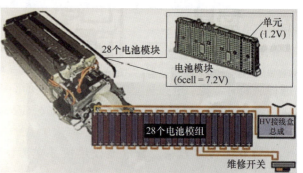

图2-9 普锐斯动力电池组的构成

(四)超级电容器

超级电容器是一种具有超级储电能力、可提供强大脉冲功率的物理二次电源,它是介于蓄电池和传统静电容器之间的一种新型储能装置。超级电容器主要是利用电极/电解质界面电荷分离所形成的双电层,或借助电极表面快速的氧化还原反应所产生的法拉第准电容来实现电荷和能量的储存的。超级电容器又称双电层电容器、黄金电容器、法拉第电容器,它是一种电化学元件,在电极与电解液接触面间具有极高的比电容和非常大的接触表面积,但其储能的过程并不发生化学反应,并且这种储能过程是可逆的,因此超级电容器可反复充放电数十万次。超级电容可以作为城市公交的储能装置,也可以作为电动汽车的辅助储能装置。

1. 超级电容器的分类

超级电容器可以按不同的方式进行分类。

(1)按照储能原理分类 因电荷分离而产生的双电层电容器,欠电位沉积或吸附电容而产生的法拉第准电容器,还有双电层与准电容混合型电容器。

(2)按照结构形式分类 两电极组成相同且电极反应相同,但反应方向相反,称为对称型;两电极组成不同或反应不同,称为非对称型。

(3)按照电极材料分类 以活性炭粉末、活性炭纤维、炭气凝胶纳米炭管、网络结构活性炭为电极材料的超级电容;以贵金属二氧化钌、氧化镍、二氧化锰为电极材料的超级电容;以聚吡咯、聚苯胺、聚对苯等聚合有机物为电极的超级电容。

（4）按照电解液不同分类　水溶液体系超级电容器，这种电容器电导率高、成本低、分解电压低（1.2V）；有机体系超级电容器，这种电容器电导率低、成本高、分解电压高（3.5V）；固体物电解质超级电容器，这种电容器有良好的可靠性、融电导率低、无泄漏、高比能量和可实现超薄形状等优点。

（5）按形状分类　超级电容器有圆形和方形之分，如图2-10所示。

2. 超级电容器的结构原理

超级电容器的结构原理如图2-11所示，主要由电极、电解液、隔膜、壳体等组成。超级电容器使用的电极材料多为活性炭材料，同时在相对的活性炭电极之间填充电解质溶液，当两个电极接上电压后相对的多孔电极上聚集极性相反的电子，根据双电层理论，电解液中靠近两个电极的离子，由于电场作用聚集到两个电极附近，这些离子分别与极板所带电子极性相

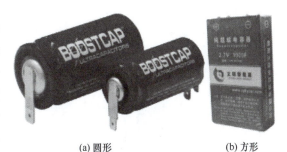

(a) 圆形　　　　(b) 方形

图2-10　超级电容器实物

反，从而形成双电层电容。多孔活性炭的比面积非常高，高达$1000\sim3000m^2/g$，于是电容器获得了很大的极板面积，又因为电解质与多孔电极之间的界面距离很小，仅为几个电解质分子，达纳米级，从而使电容器获得了极小的极间距离，可得到超大容量的电容器，可以储存很大的静电能量。

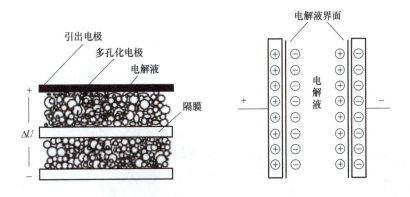

图2-11　超级电容器的结构原理

超级电容器中的能量以电子的形式储存在电解液界面的双电层内部和电极表面，充电时，电子从正极传到负极，同时，电解液中的正负离子分开，分别向负极、正极移动到电解液表面；放电时，电子通过负载经过负极传到正极，正负离子则从电极表面释放而返回到电解液中。因此，超级电容器的充放电过程是物理过程，不涉及化学反应，性能稳定，具有高度的循环使用能力。超级电容器中电解液的分解电压决定了超级电容器的最大工作电压。当两电极间的电势低于电解液的氧化还原电极电位时，电解液界面上的电荷不会脱离电解液，超级电容器工作在正常状态；当电容器两端电压超过电解液的氧化还原电极电位时，电解液分解，超级电容器为非正常状态，从而决定了超级电容器的额定电压很低，通常在3V以下。

3. 超级电容在车辆上的应用

由于超级电容能够进行高功率充放电，根据这一特点超级电容可以应用在一些交通工具上，将列车或大型客车的制动能量储存起来，在加速时提供峰值功率的输出。由于充放电速度很快，在车辆进站上下客的短暂时间，即可瞬间将超级电容充满电，并且足够跑到下一个站点。如曾经在上海世博园运行的超级电容客车，其在运营中无需连接电缆，只需在候客时间充电 30s～1min，就能行驶 5km 左右。

如图 2-12 所示是超级电容城市客车，车辆进站后，利用乘客上下车的时间，车顶的充电设备会自动升起，搭到充电站的电缆上充电，补充能源。

图 2-12　超级电容城市客车

三、动力电池系统的结构组成

动力电池系统主要由动力电池模组、电池管理系统、动力电池箱及辅助元器件等四部分组成，如图 2-13 所示，电池管理系统如图 2-14 所示。

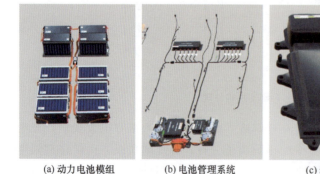  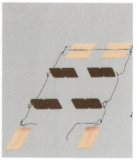

(a) 动力电池模组　　(b) 电池管理系统　　(c) 动力电池箱　　(d) 辅助元器件

图 2-13　北汽 EV160/200 纯电动汽车动力电池系统 3D 拆解图

（一）动力电池模组

电池单体是构成动力电池模块的最小单元，一般由正极、负极、电解质及外壳等构成，实现电能与化学能之间的直接转换。

电池模块是一组并联的电池单体的组合，该组合的额定电压与电池单体的额定电压相

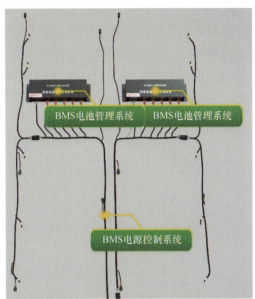

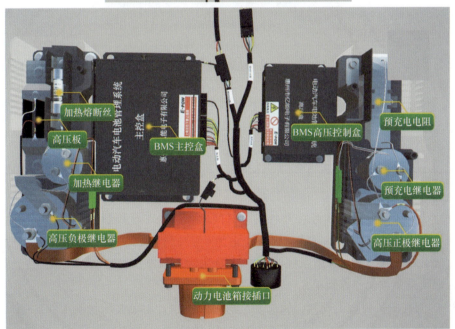

图 2-14 北汽 EV160/200 电池管理系统

等,是电池单体在物理结构和电路上连接起来的最小分组,可作为一个单元替换。

动力电池模组则是由多个电池模块或单体电芯串联组成的一个组合体。

(二)电池管理系统

电池管理系统,即 Battery Management System,简称 BMS,是新能源汽车能量管理系统的核心,其主要任务是通过电压、电流及温度检测等功能实现对动力电池系统的各种控制、保护、故障报警及处理、与其他控制器通信功能等操作,保证电池安全可靠的使用,充分发挥电池的能力和延长使用寿命。

1. BMS 的基本功能

BMS 作为电池和整车控制器以及驾驶者沟通的桥梁,通过控制接触器控制动力电池组的充放电,并向 VCU 上报动力电池系统的基本参数及故障信息。其基本功能包括:数据采集、电池状态计算、能量管理、安全管理、热管理、电压均衡控制及人机接口等,见表 2-2。

表 2-2 动力电池管理系统的基本功能

建立电池模型	—	描述电池参数的动态变化规律,用数学方程表达,用于动力电池系统仿真
数据检测及采集	集中式或分布式检测装置	单体电池电压、电流,动力电池组总电压、总电流检测和采集,控制均衡充放电策略
能量管理	电池管理器模块	根据电池的电压、电流、荷电状态 SOC 控制电池的充放电,防止过充和过放
状态估算	电池管理器模块	根据动力电池荷电状态 SOC 和 SOH 的算法,估算电池寿命(衰减)状态
热量管理	热量检测模块及传感器	冷却系统和冷却装置(风扇或液泵)检测及控制
数据处理与通信	串行通信接口、CAN 总线	单体电池采用串行通信接口,整车管理系统采用 CAN 总线
数据显示	仪表、显示器	动力电池组实时对电压、电流、SOC、剩余电量、温度等数据显示和故障报警等
安全管理	自动断电、报警	动力电池过充、过放、过压、过流、高温等危险状态自动切断电源、报警等

2. BMS 的结构组成

BMS 不仅要保证动力电池组工作在安全区间内,提供车辆控制所需的必要信息,在出现异常时及时响应处理,并根据环境温度、电池状态、车辆需求等决定电池的充放电功率等。以北汽 EV 系列的电池管理系统为例,该电池管理系统按性质可分为硬件和软件,按功能分为数据采集单元和控制单元。

BMS 的硬件主要包括主控盒、从控盒及高压控制盒,还包括采集电压线、电流、温度等数据的电子器件。图 2-15 为北汽 EV 系列 BMS 硬件的 3D 结构图。

(1)高压控制盒 高压控制盒用于监控动力电池的总电压、总电流和绝缘性能为。其主要功能为:

① 监控动力电池的总电压,包括主机电气内外四个监测点;
② 检测充放电电流;
③ 监测高压绝缘性能;
④ 监控高压连接情况;
⑤ 将以上项目监控的数据反馈给主控盒。

(2)主控盒 主控盒是一个连接外部通信和内部通信的平台,其主要功能为:

① 接收从控盒反馈的实时温度和单体电压(并计算最大值和最小值);

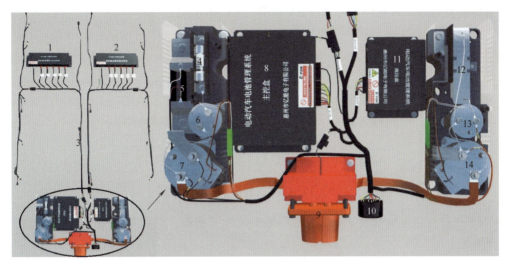

图 2-15 北汽 EV 系列电池管理系统

1,2—BMS 电池管理系统；3—BMS 电源控制系统；4—加热熔断器；5—高压板；6—加热继电器；
7—高压负极继电器；8—BMS 主控盒；9—动力电池箱插接口；10—动力电池低压控制信号插口；
11—BMS 高压控制盒；12—预充电阻；13—预充电继电器；14—高压正极继电器

② 接收高压盒反馈的总电压和电流情况；

③ 控制与整车控制器的通信；

④ 控制主正继电器；

⑤ 控制动力电池加热；

⑥ 控制充放电电流。

（3）从控盒　从控盒又称为电压和温度采集单元。它用来监控动力电池的单体电压和动力电池组的温度，其主要功能为：

① 监控每个单体电压，反馈给主控盒；

② 监控每个动力电池组的温度，反馈给主控盒；

③ 电量（SOC）值监测；

④ 将以上项目监控到的数据反馈给主控盒。

BMS 的软件主要作用是监测电池的电压、电流、SOC 值、绝缘电阻值、温度值，通过与 VCU、充电机的通信，来控制动力电池系统的充放电。

3. BMS 的工作原理

动力电池系统整体工作原理是将动力电池模组放置在一个密封并且屏蔽的动力电池箱里面，动力电池系统使用可靠的高压接插件与高压控制盒相连，然后输出的直流电由电机控制器转变为三相交流高压电，驱动电机工作；系统内的 BMS 实时采集各电芯的电压、各温度传感器的温度值、电池系统的总电压值和总电流值等数据，实时监控动力电池的工作状态，并通过 CAN 线与 VCU 或充电机之间进行通信，对动力电池系统进行充放电等进行综合管理。

其中 BMS 的主要工作原理可简单归纳为：数据采集电路首先采集电池状态信息数据，再由电子控制单元（ECU）进行数据处理和分析，然后根据分析结果对系统内的相关功能模块发出控制指令,并向外界传递信息,如图 2-16 所示。

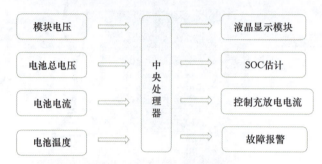

图 2-16　BMS 工作原理结构框图

BMS 一般包括电池管理子系统、电压平衡控制子系统、热管理子系统和安全防护系统四个子系统。

(1) 电池管理子系统　电池管理子系统的主要功能是通过电压检测等功能实现对动力电池系统的保护、对电池状态的估计和在线故障诊断。其中电池状态估计又包括电池剩余电量(SOC)和电池老化程度(SOH)两个方面。SOC 是电池管理系统中最重要的一个指标,其工作原理是通过各类传感器采集电池的相关参数,包括电压、电流及温度等,然后由 ECU 对数据进行分析和处理,根据结果对 SOC 进行分析,并将结果传递到驾驶员仪表板上。

(2) 电压平衡控制子系统　电压平衡控制子系统主要是通过充电控制、自动均衡、继电器控制、SOC 估算、充放电管理、均衡控制、故障报警及处理、与其他控制器通信功能等实现电压平衡控制。

(3) 热管理子系统　热管理子系统是为了确保动力电池系统能在适宜的温度下工作,以保障动力电池系统的电性能和寿命,其主要功能包括:①电池温度的准确测量和监控;②电池组温度过高时的有效散热和通风;③低温条件下的子快速加热;④有害气体产生时的有效通风;⑤保证电池组温度场的均匀分布。

(4) 安全防护系统　安全保护作为整个 BMS 重要的功能,主要包括:过电流保护、过充过放保护、过温保护和绝缘监测。

① 过电流保护。由于电池有一定的内阻,当工作电流过大时,电池内部会产生热量,从而造成电池温度升高、热稳定性下降。BMS 会通过判断采集的充放电电流值是否超过安全范围来采取相应的安全保护措施。

② 过充过放保护。过充电会使电池正极晶格结构被破坏,从而导致电池容量减小,如果电压过高还会引发因正负极短路而造成的爆炸。过放电会导致放电电压低于电池放电截止电压,使电池负极上的金属集流体被溶解,电池被损坏,若继续给这种电池充电则有内部短路或漏液的危险。BMS 会判断采集的单体电池电压值是否超过充放电的限制电压,如果电压值超过限制,BMS 就会断开充放电回路从而保护电池系统。

③ 过温保护。动力电池的稳定运行需要适宜的温度。过温保护结合了热管理系统,BMS 在电池温度过高过低时,禁止系统进行充放电。

④ 绝缘监测。动力电池系统的电压通常有几百伏,如果出现漏电,会对人员造成危险。BMS 会实时监测总正总负搭铁绝缘阻值,在该值低于安全范围时,上报故障,并断开高压电。

4. 电池管理系统的要求

QC/T 8997—2011《电动汽车用电池管理系统技术条件》中规定了电池管理系统的一般要求和技术要求。

（1）电池管理系统的一般要求

① 电池管理系统应能检测电池电和热相关的数据，至少应包括电池单体或者电池模块的电压、电池组回路电流和电池包内部温度等参数。

② 电池管理系统应能对动力电池的荷电状态（SOC）、最大充放电电流（或者功率）等状态参数进行实时估算。

③ 电池管理系统应能对电池系统进行故障诊断，并可以根据具体故障内容进行相应的故障处理，如故障码上报、实时警示和故障保护等。

④ 电池管理系统应有与车辆的其他控制器基于总线通信方式的信息交互功能。

⑤ 电池管理系统应用在具有可外接充电功能的电动汽车上时，应能通过与车载充电机或者非车载充电机的实时通信或者其他信号交互方式实现对充电过程的控制和管理。

（2）电池管理系统的技术要求

① 绝缘电阻。电池管理系统与动力电池相连的带电部件和其壳体之间的绝缘电阻值应不小于 2MΩ。

② 绝缘耐压性能。电池管理系统应能经受绝缘耐压性能试验，在试验过程中应无击穿或闪络等破坏性放电现象。

③ 状态参数测量精度。电池管理系统所检测状态参数的测量精度要求见表 2-3。

表 2-3 状态参数测量精度要求

参数	总电压值	电流值①	温度值	单体(模块)电压值
精度要求	≤±2% FS②	≤±3% FS②	≤±2℃	≤±0.5% FS②

① 应用在具有可外接充电功能的电动汽车上时，电流值精度同时应满足≤±1.0A（当电流值小于 30A 时）。
② FS 表示满量程。

④ SOC 估算精度。SOC 估算精度要求不大于 10%。

⑤ 过电压运行。电池管理系统应能在规定的电源电压下正常工作，且满足表 2-3 状态参数测量精度的要求。

⑥ 欠电压运行。电池管理系统应能在规定的电源电压下正常工作，且满足表 2-3 状态参数测量精度的要求。

（三）动力电池箱

动力电池箱体通常安装在车身底盘下方，有承载及保护动力电池组及电气元件的作用，制造材料通常包括具有绝缘作用的玻璃钢和高硬度耐磨的钢等。由于汽车的运行环境多变，因此动力电池箱散热、防水、绝缘等安全设计的要求很高。例如北汽 EV160/200 电池箱体的防护等级为 IP67。在使用过程中动力电池外部动力电池箱的好坏对动力电池内部具有较大影响，所以在维护时，需要对动力电池外部进行检查维护。

（四）辅助元器件

主要包括动力电池系统内部的电子电器元件（如熔断器、继电器、分流器、接插件、紧急开关、烟雾传感器等）、维修开关以及电子电器元件以外的辅助元器件（如密封条、绝缘材料等）。

1. 电流传感器

电流传感器用来监测充、放电电流的大小,如图 2-17 所示。该电流传感器是一个霍尔式电流传感器。

图 2-17 电流传感器

霍尔元件是一种采用半导体材料制成的磁电转换器件,其原理如图 2-18 所示。霍尔电势 U_H 的大小和控制电流 I_C、磁通密度 B 的乘积成正比,通过测量霍尔电势的大小,可以间接测量载流导体电流的大小。

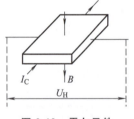

图 2-18 霍尔元件原理图

2. 维修开关

电动汽车所用的大多是高于 300V 的高压电,如果电路出现过载或短路,容易引起电气元件的损坏,如果操作不当,更易酿成电击危险。维修开关安装在电路大电流主干线上,通常位于动力电池组箱体的中间位置,如图 2-19 所示。

维修开关是保证电动汽车高压电气安全的关键部件,在紧急情况或进行高压系统、动力电池维护维修保养等操作时,应将其断开,以保障维修人员的安全。

3. 熔断器

熔断器是为了保护高压系统的安全。当高压系统出现短路时,熔断器将会断开。维修开关内装有电压 500V(250A)熔断器,如图 2-20 所示。

图 2-19 维修开关　　　　图 2-20 熔断器

4. 加热继电器和加热熔断器

加热继电器和加热熔断器用于动力电池热管理系统。加热熔断器与加热膜串接在一起,加热继电器受 BMS 控制,在温度低于设定值时接通,对动力电池系统进行加热,如图 2-21 所示。

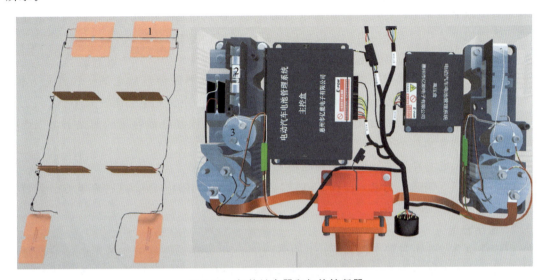

图 2-21　加热继电器和加热熔断器

1—加热膜片;2—加热熔断器;3—加热继电器

5. 继电器集成器

继电器集成器将高压正极继电器、高压负极继电器、预充电继电器和预充电阻进行了集成,如图 2-22 所示。

高压正极继电器和高压负极继电器为主继电器,控制回路的通断。

预充电继电器和预充电阻由 BMS 控制闭合和断开,在充放电初期闭合进行预充电,当预充完成后断开。

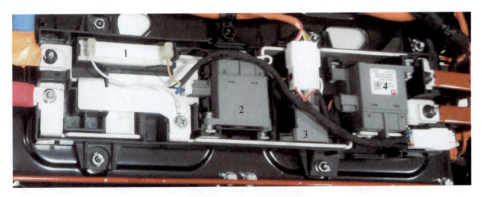

图 2-22　继电器集成器

1—预充电阻;2—高压正极继电器;3—预充电继电器;4—高压负极继电器

四、电动汽车动力电池充电技术

(一)电动汽车动力电池充电方法

电动汽车蓄电池充电方法主要有恒流充电、恒压充电和恒流限压充电,现代智能型蓄电池充电机可设置不同的充电方法。

1. 恒流充电

恒流充电是指充电过程中使充电电流保持不变的方法。恒流充电具有较大的适应性，容易将蓄电池完全充足，有益于延长蓄电池的寿命。缺点是在充电过程中，需要根据逐渐升高的蓄电池电动势调节充电电压，以保持电流不变，充电时间较长。

恒流充电是一种标准的充电方法，有 4 种方式。

（1）恒流充电　即维持电池的满充电状态，恰好能抵消电池自放电的一种充电方法，其充电率对满充电的电池长期充电无害，但对完全放电的电池充电，电流太小。

（2）最小电流充电　是指在能使深度放电的电池有效恢复电池容量的前提下，把充电电流尽可能地调整到最小的方法。

（3）标准充电　即采用标准速率充电，充电时间为 14h。

（4）高速率（快速）充电　即在 3h 内就给蓄电池充满电的方法，这种充电方法需要自动控制电路保护电池不损坏。

2. 恒压充电

恒压充电是指充电过程中保持充电电压不变的充电方法，充电电流随蓄电池电动势的升高而减小。合理的充电电压，应在蓄电池即将允足时使其充电电流趋于 0，如果电压过高会造成充电初期充电电流过大和过充电，如果电压过低则会使蓄电池充电不足。充电初期若充电电流过大，则应适当调低充电电压，待蓄电池电动势升高后再将充电电压调整到规定值。

恒压充电的优点是充电时间短，充电过程无需调整电压，较适合于补充充电。缺点是不容易将蓄电池完全充足，充电初期大电流对极板会有不利影响。

3. 恒流限压充电

先以恒流方式进行充电，当蓄电池组端电压上升到限压值时，充电机自动转换为恒压充电，直到充电完毕。

（二）电动汽车充电方式

电动汽车充电方式主要有常规充电方式、快速充电方式、电池更换方式、无线充电方式及未来其他前沿技术等。

1. 常规充电方式

常规充电方式采用恒压、恒流的传统充电方式对电动汽车进行充电，相应的充电机的工作和安装成本相对比较低，电动汽车家用充电设施（车载充电机）和小型充电站多采用这种充电方式。

车载充电机是电动汽车的一种最基本的充电设备，如图 2-23 所示。充电机作为标准配置固定在车上或放在后备厢里。由于只需将车载充电机的插头插到停车场或家中的电源插座上即可进行充电，因此充电过程一般由客户自己独立完成、直接从低压照明电路取电，充电功率较小，由 220V/16A 规格的标准电网电源供电。典型的充电时间为 8~10h（SOC 值达到 95% 以上）。这种充电方式对电网没有特殊要求，只要能够满足照明要求的供电质量就能够使用。由于在家中充电通常是晚上或者是在电低谷期，有利于电能的有效利用。

小型充电站是电动汽车的一种最重要的充电方式，如图 2-24 所示，充电桩设置在街边、超市、办公楼、停车场等处。采用常规充电电流充电，电动汽车驾驶员只需将车停靠在充电站指定的位置上，接上电线即可开始充电。计费方式是投币或刷卡，充电功率一般在5～10kW，采用三相四线制380V供电或单相220V供电。其典型的充电时间是，补电1～2h，充满5～8h（SOC值达到95%以上）。

图2-23　车载充电机充电方式　　　　　图2-24　小型充电站充电方式

常规充电方式主要优点是，充电技术成熟，技术门槛低，使用方便，容易推广普及；充电设施配置简单，占地较小，投资少；电池充电过程缓和，电池能够深度充满；充电时电池发热温和，不易发生高温短路或爆炸危险，安全性较高；接口和相关标准较低；充电功率相对低，对配电网要求降低，基础设施配套需求小，一般选择夜间充电可避开傍晚用电高峰期，节能效果较好。

常规充电方式主要缺点是，充电时间长，续驶里程有限，使用受到限制；用于有慢速充电需求的停车场所，如住宅小区停车场、社会公共停车场等。

2. 快速充电方式

快速充电方式以150～400A的高充电电流在短时间内为蓄电池充电，与常规充电方式相比安装成本相对较高。快速充电也可称为迅速充电或应急充电，其目的是在短时间内给电动汽车充满电，大型充电站（机）多采用这种充电方式。

大型充电站（机）的快速充电方式如图2-25所示，它主要针对长距离旅行或需要进行快速补充电能的情况进行充电，充电机功率很大，一般都大于30kW，采用三相四线制380V供电。其典型的充电时间是10～30min。这种充电方式对电池寿命有一定的影响，特别是普通蓄电池不能进行快速充电，因为在短时间内接受大量的电量会导致蓄电池过热。快速充电站的关键是非车载快速充电组件，它能够输出35kW甚至更高的功率。由于功率和电流的额定值都很高，因此这种充电方式对电网有较高的要求，一般应靠近10kV变电站附近或在监测站和服务中心中使用。

快速充电方式主要优点是，技术较为成熟，接口标准要求较低，充电速度快，增加电动汽车长途续航能力，是一种有效的补充方案。

快速充电方式主要缺点是，充电功率较大，接口和用电安全提高，电池散热成为重要因素；电池不能深度充电，一般为电池容量的80%左右，容易损害电池寿命，需要承担更多的电池折旧成本；短时用电消耗大，对配电网要求较高，基础设施配套需求巨大。

3. 电池更换方式

采用更换电池的方式迅速补充车辆电能，电池更换可在10min以内完成，理论上无限提升了车辆续驶里程。

如图2-26所示为利用换电机器人为电动汽车更换电池。

图 2-25 大型充电站（机）的快速充电方式

图 2-26 利用换电机器人为电动汽车更换电池

电池更换方式主要优点是，电池更换客户感受接近传统的加油站加油；用户只需购买裸车，电池采用租赁的方式，大幅降低了车辆价格；采用适合的充电方式保证电池的健康以及电池效能的发挥，电池集中管理便于集中回收和维护，减小环境污染；选择夜间用电低谷时段慢速充电，降低服务机构运行成本，对电网起到错峰填谷作用。

电池更换方式主要缺点是，基础设施建设成本较高，占用场地大，电网配套要求高；需解决电动汽车更换电池方便的问题，如电池设计安装位置、电池拆卸难易程度等；需要电动汽车行业众多标准的严格统一，包括电池本身外形和各项参数的标准化，电池和电动汽车接口的标准化，电池和外置充电设备接口的标准化等；电池更换容易导致电池接口接触不良等问题，对电池及车辆接口的安全可靠要求提高；电池租赁带来的资产管理、物流配送、计价收费等一系列问题，运作复杂性和成本提高。

4. 无线充电方式

无线充电方式包括电磁感应式、磁场共振式、无线电波式三种方式。电动汽车非接触充电方式的研究目前主要集中在感式充电方式，不需要接触即可实现充电。目前，日产和三菱都有相关产品推出，其原理是采用了可在供电线圈和受电线圈之间提供电力的电磁感应方式，即将一个受电线圈装置安装在汽车的底盘上，将另一个供电线圈装置安装在地面，当电动汽车行驶到供电线圈装置上，受电线圈即可接收到供电线圈的电流，从而对电池进行充电。

相对于电动汽车的有线充电而言，无线充电具有使用方便、安全、可靠，没有电火花和触电的危险，无积尘和接触损耗，无机械磨损，没有相应的维护问题，可以适应雨、雪等恶劣的天气和环境等优点。无线充电技术用于电动汽车充电可以降低人力成本，节省空间，不影响交通视线等。如果可以实现电动汽车的动态无线充电，则可以大幅减少电动汽车配备的动力电池容量，从而减轻整车重量，降低电动汽车的运行成本。

有了无线充电技术，公路上行驶的电动汽车或双能源汽车可通过安装在电线杆或其他高层建筑上的发射器快速补充电能。电费将从电动汽车上安装的预付卡中扣除。

电动汽车无线充电示意图如图 2-27 所示。

5. 未来其他前沿技术

Altair 纳米技术公司为电动汽车开发的锂离子电池有极快速度的充电，容量高达 35kW·h 的电池可以在 10min 之内充电完毕，安装这种电池的载人小汽车续驶达 160km。10min 之内 45kW·h 的电池充电完毕需要 250kW 的充电功率，这是一栋办公大楼最大用电负荷的五倍。麻省理工学院研究人员发明了一项充电材料表面处理

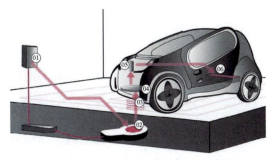

图 2-27　电动汽车无线充电示意图

技术，利用这种新技术制造的手机电池可以在 10s 内完成充电，汽车电池可在 5min 内充好电。一块锂电池完成充电一般需要 6min 或更长的时间。但传统的磷酸铁锂材料在经过表面处理生成纳米级沟槽后，可将电池的充电速度提升 36 倍（仅为 10s），由于这项技术不需要新材料，只是改变制造电池的方法，所以用 2～3 年时间就可以将这项技术市场化。

据索尼公司官方新闻稿表示，索尼公司已经开发出了一种快速充电锂电池，仅需半个小时就能让电池充电 99%。功率可达 1800W/kg，并可延长 2000 次循环充放电寿命。这种电池采用磷酸铁锂作为阴极材料，以增强阴极的晶体结构并能保证其高温状态下的稳定性。通过与索尼公司新设计的粒子技术阳极材料组合，该电池可以有效降低电阻，并提高输出功率。

V2G 是 Vehicle-to-grid 的简称，它描述了这样的一个系统：当混合动力电动汽车不再运行的时候，通过链接到电网的电机将能量卖给电网，反过来，当电动汽车的电池需要充满时，电流可以从电网中提取出来提供给电池。

第二节　驱动电机系统结构原理

电动汽车驱动电机系统主要由电机和电机控制器组成，其中电机是电动汽车的核心部件之一，其性能的好坏直接影响电动汽车驱动系统的性能，特别是电动汽车的最高车速、加速性能及爬坡性能等。

一、电动汽车驱动电机系统的组成

驱动电机系统由驱动电机、驱动电机控制器构成，如图 2-28 所示，其功用是在驾驶员的控制制动踏板下，高效率地将蓄电池（燃料电池或发电机）的能量转化为车轮或者将车轮上的动能反馈到蓄电池中。

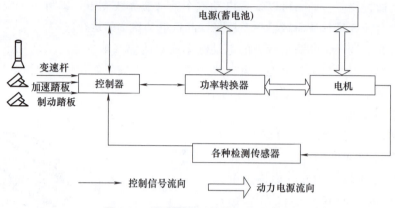

图 2-28 驱动电机系统的组成示意图

功率转换器的作用是按所选电机驱动电流的要求,将蓄电池的直流电转换为相应电压等级的直流、交流或脉冲电源。

检测传感器主要对电压、电流、速度、转矩以及温度等进行检测,其作用是改善电机的调速特性。对于永磁无刷电机或开关磁阻电机还要求有电机转角位置检测。

控制器是按驾驶员操纵变速杆、加速踏板和制动踏板等,相应输入前进起步、加速、制动等信号,以及各种检测传感器反馈的信号,通过运算、逻辑分析比较等,适时向功率转换器发出相应的指令,使整个驱动系统有效运行。

驱动电机系统通过高低压线束、冷却管路,与整车其他系统作电气和散热连接。在北汽新能源 EV160/200 驱动电机系统中,驱动电机的输出动作主要是靠控制单元给定命令执行,即控制器输出命令。控制器主要是将输入的直流电逆变成电压、频率可调的三相交流电,供给配套的三相交流永磁同步电机使用,如图 2-29 所示。

二、电机主要性能指标及技术要求

1. 电机主要性能指标

电机是将电能转换成机械能或将机械能转换成电能的装置,它具有能做相对运动的部件,是一种依靠电磁感应而运行的电气装置。电机主要性能指标有额定功率、峰值功率、额定转速、最高工作转速、额定转矩、峰值转矩、堵转转矩、额定电压、额定电流、额定频率等。

(1) 额定功率 额定功率是指电机额定运行条件下轴端输出的机械功率。电机的功率等级为 1kW、2.2kW、3.7kW、5.5kW、7.5kW、11kW、15kW、18.5kW、22kW、30kW、37kW、45kW、55kW、75kW、90kW、110kW、132kW、150kW、160kW、185kW、200kW 及以上。

(2) 峰值功率 峰值功率是指在规定的时间内,电机运行的最大输出功率。

(3) 额定转速 额定转速是指电机额定运行(额定电压、额定功率)条件下电机的最低转速。

(4) 最高工作转速 最高工作转速是指在额定电压时,电机带载运行所能达到的最高转速,它影响电动汽车的最高设计速度。

(5) 额定转矩 额定转矩是指电机在额定功率和额定转速下的输出转矩。

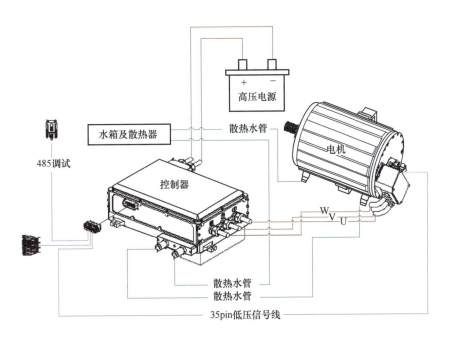

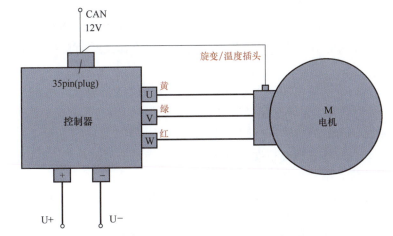

图 2-29　北汽新能源 EV160/200 驱动电机系统

（6）峰值转矩　峰值转矩是指电机在规定的持续时间内允许输出的最大转矩。

（7）堵转转矩　堵转转矩是指转子在所有角位堵住时所产生的最小转矩。

（8）额定电压　额定电压是指电机正常工作的电压，电机电源的电压等级为 36V、48V、120V、144V、168V、192V、216V、240V、264V、288V、312V、336V、360V、384V、408V、540V、600V。

（9）额定电流　额定电流是指电机额定运行（额定电压、额定功率）条件下电枢绕组（或定子绕组）的线电流。

（10）额定频率　额定频率是指电机额定运行条件下电枢的频率。

当电机在额定运行条件下输出额定功率时，称为满载运行，这时电机的运行性能、经济性及可靠性等均处于优良状态。输出功率超过额定功率时称为过载运行，这时电机的负载电流大于额定电流，将会引起电机过热，从而减少电机的使用寿命，严重时甚至烧毁电机。电机的输出功率小于额定功率时称为轻载运行,轻载运行时电机的效率和功率因数等运行性能均较差,因此应尽量避免电机轻载运行。

2. 电动汽车对驱动电机的技术要求

驱动电机既可以作为电动机将电能转化为机械能驱动车辆行驶,而且可以作为发电机,利用其进行制动能量回收,将机械能转化为电能储存在储能装置中。

汽车行驶时需要频繁地启动、加速、减速、停车等,在低速行驶和爬坡时需要大转矩,在高速行驶时需要降低转矩和功率。为了满足汽车行驶动力性的需要,获得好的经济性和环境指标等,对电动机提出了十分严格的要求。

① 电压高。采用高电压可以减少电动机和导线等装备的尺寸、降低逆变器的成本和提高能量转换效率等。

② 高转速。电动机的功率 P 与其转矩 M 和转速 n 成正比,即 $P \propto M \times n$,因此,在 M 一定的情况下,提高 n 则可以提高 P;而在 P 一定的情况下,提高 n 则可降低电动机的 M。采用小质量和小体积的电动机是电动汽车发展的趋势之一。现代电动汽车的高转速电动机的转速可以达到 $8000\sim12000r/min$,由于体积和质量都小,有利于降低整车的整备质量。

③ 转矩密度、功率密度大,重量轻,体积小。转矩密度、功率密度大指最大转矩体积比和最大功率体积比。转矩密度、功率密度越大,HEV 电机驱动系统占用的空间越小。采用铝合金外壳等降低电动机的质量。各种控制装置和冷却系统的材料等也应尽可能选用轻质材料。

④ 具有较大的启动转矩和较大范围的调速性能,以满足启动、加速、行驶、减速、制动等所需的功率与转矩。电动机应具有自动调速功能,以减轻驾驶员的操纵强度。

⑤ 需要有 4~5 倍的过载,以满足短时加速行驶与最大爬坡度的要求。

⑥ 具有高的可控性、稳态精度、动态性能,以满足多部电动机协调运行。

⑦ 机械效率高、损耗少。

⑧ 可兼做发电机使用。在车辆减速时,可进行制动能量回收,即再生制动,将一部分能量转化为电能储存在储能装置内。

⑨ 电气系统安全性和控制系统的安全性应达到有关的标准和规定。必须装备高压保护装置以保证安全。

⑩ 能够在恶劣条件下可靠工作。电动机应具有高的可靠性、耐低温和高温性、耐潮湿。并且运行时噪声低,能够在恶劣的环境下长时间工作。

⑪ 结构简单,适合大批量生产,使用维修方便,价格便宜等。

⑫ 散热性好。

三、电动汽车常用驱动电机的结构与原理

(一) 直流电机

1. 直流电机的结构

直流电机由静止部分定子和旋转部分转子两大部分构成,其结构如图 2-30 和图 2-31 所示。

(1) 定子部分 包括机座、主磁极、换向极和电刷装置等。

① 主磁极。在大多数直流电机中，主磁极是电磁铁，为了尽可能地减小涡流和磁滞损耗，主磁极铁芯用1~1.2mm厚的低碳钢板叠压而成。整个磁极用螺钉固定在机座上。主磁极的作用是在定子和转子之间的气隙中建立磁场，使电枢绕组在磁场的作用下产生感应电动势和产生电磁转矩。

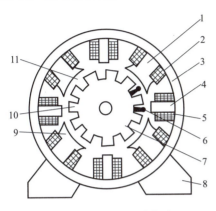
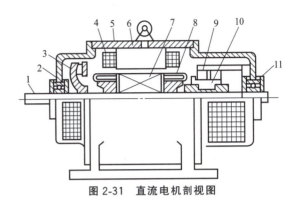

图 2-30　直流电机的构造
1—轴；2—端盖；3—风扇；4—励磁绕组；5—机座；6—磁极；7—电枢铁芯；8—电枢绕组；9—电刷；10—换向器；11—轴承

图 2-31　直流电机剖视图
1—极身；2—励磁绕组；3—定子磁轭；4—换向极；5—换向极绕组；6—电枢绕组；7—电枢磁轭；8—底脚；9—极掌；10—电枢齿；11—电枢槽；11—轴承

② 换向极。又称附加极或间极，其作用是用以改善换向。换极装在相邻两主磁极之间，它也是由铁芯和绕组构成。

③ 机座。一是作为直流电机磁路系统中的一部分，二是用来固定主磁极、换向极及端盖等，起机械支撑的作用。因此要求机座有好的导磁性能和足够的机械强度及刚度。机座通常用铸钢或厚钢板焊接而成。

④ 电刷装置。电刷的作用是把转动的电枢绕组与静止的外电路相连接，并与换向器相配合，起到整流或逆变器的作用。

（2）转子部分　转子又称为电枢，包括电枢铁芯、电枢绕组、换向器、风扇、轴和轴承等。

① 电枢铁芯。是直流电机主磁路的一部分，用来嵌放电枢绕组。为了减少电枢旋转时电枢铁芯中因磁通变化而引起的磁滞及涡流损耗，电枢铁芯通常用0.5mm厚的两面涂有绝缘漆的硅钢片叠压而成。

② 电枢绕组。由许多按一定规律连接的线圈组成。它是直流电机的主要电路部分，也是通过电流和感应电动势，从而实现机电能量转换的关键性部件。

③ 换向器。换向器实现外电路电流与电枢绕组中交流电之间的相互变换。

2. 直流电机的工作原理

直流电动机的基本工作原理如图2-32所示。通电的导体在磁场中会受电磁力的作用，电磁力的方向遵循左手定则。两片换向片分别与环状线圈的两端连接，电刷一端与两片换向器片相接触，另一端分别接蓄电池的正极和负极。在环状线圈中，电流的方向交替变化。用左手定则判断可知，环状线圈在电磁力矩作用下按顺时针方向连续转动，这样在电源连续对电动机供电时，其线圈就不停地按同一方向转动。

3. 直流电动机的控制

一般而言，直流电机的转速控制可以通过两种方法实现，即电枢控制和励磁控制。电枢调速方式属于恒转矩调速，励磁调速方式属于恒功率调速。当直流电机电枢电压减小时，电枢电流和电机转矩就会降低，由此引起电机转速降低。反之，当电枢电压增加时，电机转矩就会增加，由此会引起电机转速增加。由于电枢的最大允许电流不变，且磁场是固定的，电枢电压的控制可在任何转速下保持最大转矩不变。然而，由于电枢电压不能超过其额定值，这种控制方法只适于直流电机的工作转速低于基速的场合。另外，当电枢电压值恒定，直流电机的励磁电压减弱时，电机的感应电动势就会降低。

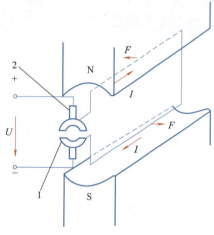

图 2-32 直流电动机的工作原理

1—换向片；2—电刷

由于电枢电阻很小，电枢电流增大的程度比磁场减弱的程度要大，因此，电机转矩增加，电机转速也随之增大。由于电枢的最大允许电流是常数，所以当电枢电压保持不变时，无论转速多大，感应电动势都是恒定的。因此，电机所允许的最大功率恒定，允许的最大转矩随电机转速的变化而逆向变化。所以，为使电动汽车的直流电机有较宽的转速控制范围，电枢控制必须和励磁控制相结合。当电机转速在零与基速之间时，励磁电流保持在额定值，采用电枢控制。当电机转速超过基速时，电枢电压保持在额定值，采用励磁控制。

电动汽车使用直流电机时的电机控制器一般以斩波方式工作，也称为直流斩波器，主要由功率开关模块和中央控制器构成。斩波器是直流电源和负载电机之间的一个周期性通断的开关控制装置，它的作用是改变供给电机的电压，实际上，它作为一个电压调节系统而工作。由于采用斩去输入电压而变成在时间上断续的脉冲输出，这类调器因此而得名。

直流斩波器的输出电压有三种调节方式，即脉宽调制（PWM）方式、频率调制方式和限流控制方式。第一种方法，斩波器的频率保持不变，只改变脉冲的宽度；第二种方法，脉冲宽度保持不变，斩波频率是可变的；第三种方法，脉冲宽度和频率都是可变的，使负载电流控制在某个特定的最大值和最小值之间。

电动汽车直流电机驱动通常采用 PWM 控制方式，通过斩波器控制电路控制 IGBT（IGBT，绝缘栅双极晶体管，如图 2-33 中的 VT_1）的门极实现 VT_1 的通断，调节 VT_1 通断占空比 δ（占空比是指在一个脉冲循环内，通电时间相对于总时间所占的比例），直流电机电枢电压依赖于占空比 δ 的变化。此外，通过斩波器控制电路控制 IGBT（图 2-33 中的 VT_2）的门极实现 VT_2 的通断来实现电机电枢电压泵升来给动力电池（图 2-33 中 U_s）充电，完成电机的再生制动过程。

电动汽车的加速踏板位移、制动踏板位移和

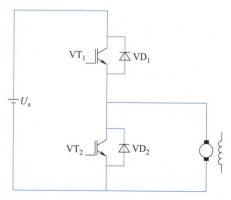

图 2-33 用于电动汽车驱动的直流斩波器

转向盘转角映射到驱动电机及其控制系统的是转矩（或转速）控制信号，电机及其控制系统采取转矩和转速闭环控制，通过调节占空比 δ 来控制电机电枢电压，以实现电机电磁转矩和电机转速的调节，系统一般采用比例-积分-微分（PID）调节控制。

（二）交流感应电机

交流电动机可分为同步电动机和异步电动机两类。如果电动机转子的转速 n 与定子旋转磁场的转速 n_1 相等，则转子与定子旋转磁场在空间同步地旋转，这种电动机就被称为同步电动机。如果 n 不等于 n_1，则转子与定子旋转磁场在空间旋转时不同步，则称为异步电动机。三相异步电动机有笼型异步感应电动机和绕线式异步感应电动机两种。由于绕线式异步感应电动机成本高、需要维护，缺乏坚固性，因而没有笼型异步感应电动机应用广泛，特别是在电动汽车的电力驱动中。

1. 交流感应电动机的结构

交流感应电动机主要由定子和转子两大部分组成，定子和转子之间是气隙，如图 2-34 和图 2-35 所示。定子是用来产生旋转磁场的，它由机座、定子铁芯、定子绕组、铁芯外壳、支承转子轴的轴承等组成。转子由转子铁芯、转子绕组和转子轴等组成。转子铁芯和定子铁芯由薄硅钢片叠加而成，以减少铁损。笼型转子采用铜条减少线圈损失，定子铁芯采用C级绝缘，可直接用低黏度的油来冷却，采用铸铝机座来减小电机总重量。

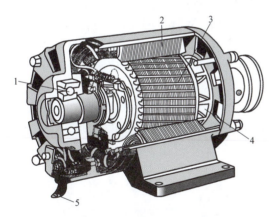

图 2-34 交流感应电动机的结构
1—轴承；2—定子；3—转子；4—冷却风扇；
5—电源线

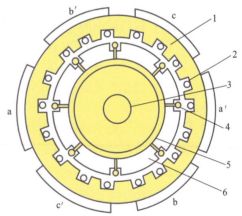

图 2-35 交流感应电动机横断面
1—定子铁芯；2—定子导体；3—转子轴；
4—转子导体；5—转子端环；6—转子铁芯

2. 交流感应电动机的工作原理

在电机定子上有三相对称的交流绕组（各相差120°，见图 2-36），三相对称交流绕组流入三相对称交流电流时，将在电机气隙空间产生旋转磁场，转子绕组的导体处于旋转磁场中，转子导体切割磁力线，并产生感应电动势。由于转子导体通过端环自成闭路，在感应电动势的作用下，转子导体中将产生与感应电动势方向基本一致的感应电流。感应电流与旋转磁场相互作用产生电磁力，电磁力作用在转子上产生电磁转矩，驱动转子旋转。

3. 交流感应电机的控制

交流感应电机控制系统的主要作用是为电机提供变压、变频电源，同时其电压和频率能够按照一定的控制策略进行调节，以使驱动系统具有良好的转矩-转速特性。

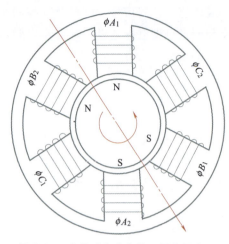

图 2-36 空间对称分布的三相定子绕组

(1) 功率变换器 电动汽车的动力蓄电池提供的是直流电源,而三相异步感应电机不能直接使用直流电源,因此必须有功率变换器将直流电源变换为频率和幅值都可以调节的交流电,来实现对感应电机的控制。电动汽车的感应电机使用的几乎都是专用的三相电压型 PWM(Pulse Width Modulation,脉宽调制)变换器。由于硬开关变换器的拓扑结构几乎是固定不变的,所以变换器的设计通常取决于功率器件的选择和 PWM 的变换方案。选择功率器件的标准是:

① 由于变换过程中会产生浪涌电压,所以要求其额定电压至少是蓄电池额定电压的两倍;

② 要求额定电流足够大,不需要再并联功率器件;

③ 为抑制谐波和噪声,要求开关速度足够高。

选择 PWM 变换方案时,要求其输出基波的幅值和频率能平稳变化;输出谐波失真最小;开关算法要求尽可能少的硬件和软件实时执行;在蓄电池电压波动大的情况下,比如 -35%~+25%,控制器不能失去控制。有许多可用的 PWM 方案,如正弦波 PWM、均衡 PWM、优化 PWM、三角波 PWM、随机 PWM、等效面积 PWM、滞环 PWM 和空间矢量 PWM 等。其中电流控制滞环 PWM 和空间矢量 PWM 在电动汽车感应电机驱动中得到了广泛应用。电压控制型等效面积 PWM 方案是专门为以电池为动力的电动汽车感应电机驱动设计的。

(2) 转速控制方式 由于感应电机的直轴和交轴的磁耦合作用,导致它动态模型的高度非线性,使得感应电机的控制比直流电机要复杂得多。

感应电机转速控制的基本方程为:

$$N=N_s(1-s)=\frac{60f}{p}(1-s)$$

式中,N 为电机转速;N_s 为同步旋转磁场转速;s 为滑差率;p 为磁极对数;f 为电源频率。通过改变 s、p 和 f 可以控制电机转速,因此可以将感应电机的基本调速方式相应分为调压调速、变极调速和变频调速三种。

改变感应电机输入电源电压进行调速的方式称为调压调速,是一种变滑差率调速;变换感应电机绕组极对数,从而改变同步转速进行调速的方式称为变极调速,其转速阶跃变化;改变感应电机输入电源频率,从而改变同步转速的调速方式称为变频调速,其转速可以均匀变化。一般采用控制多种变量的方法。高级的控制策略和复杂控制算法如自适应控制、变结构控制和最优控制等已经得以使用,以获得快速响应、高效率和宽转速范围。

为了实现感应电机的理想控制,许多新的控制方法被应用到电动汽车的感应电机驱动中来。

(三) 永磁电机

1. 永磁驱动电机的分类

永磁电动机的分类方法很多,根据输入电动机接线端波形的不同可分为永磁直流电动机和永磁交流电动机。

由于永磁交流电动机没有电刷、换向器或集电环，因此也称为永磁无刷电动机。根据输入电动机接线端的交流波形，永磁无刷电动机可分为永磁同步电动机（Permanent Magent Synchronous Motor，PMSW）和永磁无刷直流电动机（Brushless DC Motor，BLDCM）。输入永磁同步电动机的是交流正弦波或近似正弦波，采用连续转子位置反馈信号来控制换向；而永磁无刷直流电动机输入的是交流方波，采用离散转子位置反馈信号控制换向。由于方波磁场与方波电流之间相互作用而产生的转矩比正弦波大，所以，永磁无刷直流电动机的功率密度大，但是由功率器件的换向电流引起的转矩脉动也大，而正弦波产生的转矩基本是恒转矩或平稳转矩，这与绕线转子同步电动机相同。

现有的永磁电动机可分为永磁直流电动机、永磁同步电动机、永磁无刷直流电动机和永磁混合式电动机四类。其中，后三类没有传统直流电动机的电刷和换向器，故统称为永磁无刷电动机。在电动汽车中，永磁同步电动机应用广泛，例如北汽新能源系列汽车，比亚迪 E6 等。

2. 永磁同步电动机的结构

永磁同步电动机多为 4 极形式，绕组按 3 相 4 极布置，通电产生 4 极旋转磁场。永磁同步电机是用永磁体取代绕线式同步电机转子中的励磁绕组，从而省去了励磁线圈、集电环和电刷。永磁同步电机转子分为凸装式、嵌入式和内埋式 3 种基本结构，前两种形式又称为外装结构。

凸装式转子永磁体的分类如图 2-37 所示，图 2-37（a）具有圆套筒型整体磁钢，每极磁钢的宽度与极距相等，可提供接近梯形的磁场分布，在小直径转子的电机中，可以采用这种径向异极的永磁环，但在大容量电机中，必须利用若干个分离的永磁体。如果永磁体厚度一致，宽度又小于一个极距，则整个磁场分布接近为梯形。

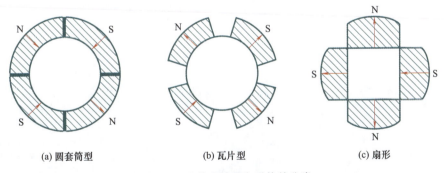

(a) 圆套筒型　　(b) 瓦片型　　(c) 扇形

图 2-37　凸装式转子永磁体的分类

在图 2-38 中，不将永磁体凸装在转子表面上，而是嵌于转子表面下，永磁体的宽度小于一个极距，这种结构称为嵌入式。对于凸装式和嵌入式转子，一般是用环氧树脂将永磁体直接粘在转轴上，这两种结构可使转子直径小、惯量小，电感也较小、有利于改善电机的动态性能。

内埋式永磁转子的结构如图 3-39 所示，它是将永磁体埋装在转子铁芯内部，每个永磁体都被铁芯包着，称为内埋式永磁同步机。这种结构机械强度高，磁路气隙小，与外装式转子相比，更适用于弱磁。

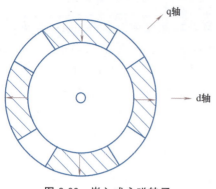

图 2-38 嵌入式永磁转子　　　　图 2-39 内埋式永磁转子

北汽 EV200 永磁同步电机的结构如图 2-40 所示。

3. 永磁同步电机的工作原理

永磁同步电机是用永磁体取代绕线式同步电机转子中的励磁绕组，从而省去了励磁线圈、集电环和电刷，定子中通入三相对称交流电。永磁同步电机工作原理模型如图 2-41 所示，由于电机定子三相绕组接入三相对称交流电而产生旋转磁场，用旋转磁极 S、N 来模

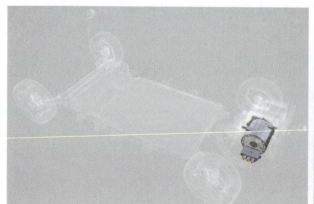
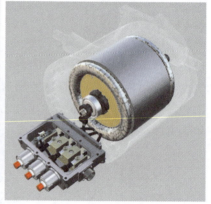

(a)

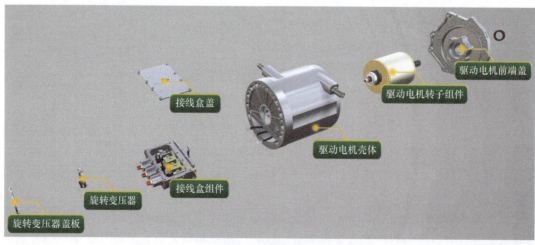

(b)

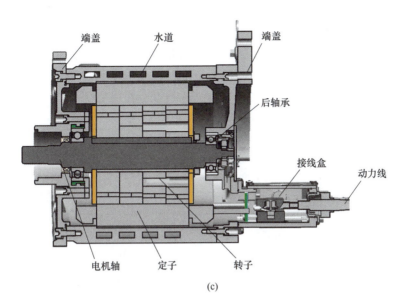

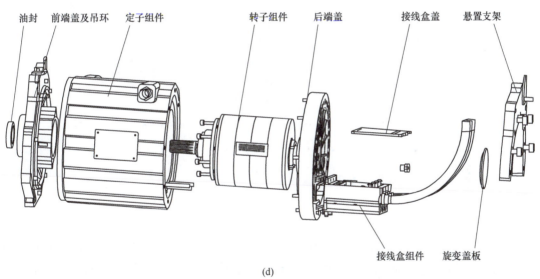

图 2-40 北汽 EV200 永磁同步电机的结构

拟。根据磁极异性相吸、同性相斥的原理,不论定子旋转磁极与永磁转子起始时相对位置如何,定子的旋转磁极总会由于磁拉力拖着转子同步旋转。

(四) 开关磁阻电机

1. 开关磁阻电动机的结构

开关磁阻电动机的定子和转子采用凸极结构,定子和转子都是由硅钢片叠片组成,开关磁阻电动机的定子和转子极数不同,有多种组合方式,最常见的有四相 8/6 结构和三相 6/4 结构。三相开关磁阻电动机的定子上有 6 个凸极,转子

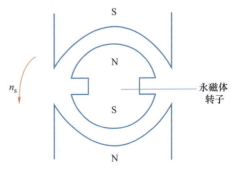

图 2-41 永磁同步电机工作原理模型

上有 4 个凸极。四相开关磁阻电动机的定子上有 8 个凸极，转子上有 6 个凸极。在定子相对称的两个凸极上的集中绕组互相串联，构成一相，但在转子上没有任何绕组。因此，定子上有 6 个凸极的为三相开关磁阻电动机，定子上有 8 个凸极的为四相开关磁阻电动机，依此类推。由于开关磁阻电动机的定子凸极数量不同，形成不同极数的开关磁阻电动机。开关磁阻电动机的结构方案有多种组合方式，如表 2-4 所示。

表 2-4　开关磁阻电动机的结构方案

相数	3	4	5	6	7	8	9
定子极数 N_s	6	8	10	12	14	16	18
转子极数 N_r	4	6	8	10	12	14	16
步进角	30°	15°	9°	6°	4.28°	3.21°	2.5°

图 2-42（a）为三相 6/4 凸极结构的开关磁阻电动机的定子和转子结构剖面示意图，图 2-42（b）为三相 12/8 凸极（双绕组）结构的开关磁阻电动机的定子和转子结构剖面示意图，图 2-42（c）为四相 8/6 凸极结构的开关磁阻电动机的定子和转子结构剖面示意。

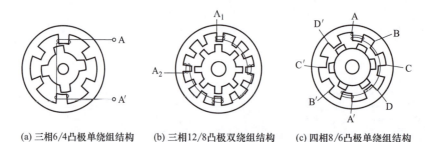

(a) 三相6/4凸极单绕组结构　　(b) 三相12/8凸极双绕组结构　　(c) 四相8/6凸极单绕组结构

图 2-42　不同的凸极开关磁阻电动机的结构

2. 开关磁阻电动机的工作原理

图 2-43 是三相开关磁阻电动机的剖面，从图 2-43 中可以看出如果按 A、B、C、A 的顺序向定子绕组轮流通电时，定子便产生按顺序变换的磁场，电动机的转子即连续不断逆时针地转动。如果反过来按 A′、C′、B′、A′改变定子绕组通电顺序时，就可以改变开关磁阻电动机转子转动的方向。图 2-43 的三相开关磁阻电动机定子的凸极数为 6 个，转子的凸极数为 4 个，当 A、B、C 三相轮流通电一次时，转子共转 π/2 步进角。如果改变电流的大小，则可改变电动机转矩的大小进而改变电动机的转速。如果控制在转子极离开定子极通电，即可产生与转子旋转方向相反的制动转矩。

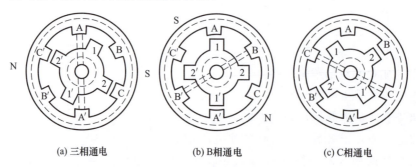

(a) 三相通电　　　　　　(b) B相通电　　　　　　(c) C相通电

图 2-43　三相开关磁阻电动机的工作原理

(五) 轮毂电机

轮毂电机技术又称为车轮内装式电机技术，是一种将电动机、传动系统和制动系统融为一体的轮毂装置技术，是现阶段先进电动汽车技术研究的热点之一。

轮毂电机的电机类型主要分为永磁式、感应式、开关磁阻式3种。

1. 轮毂电机结构形式

轮毂电机驱动系统通常由电动机、减速机构、制动器与散热系统等组成。轮毂电机驱动系统根据电机的转子形式主要分成内转子型和外转子型两种结构形式。图2-44所示为两种形式轮毂电机的结构简图。通常，外转子型采用低速外转子电机，电机的最高转速为1000~1500r/min，无任何减速装置，电机的外转子与车轮的轮辋固定或者集成在一起，车轮的转速与电机相同。内转子型则采用高速内转子电机，同时装备固定传动比的减速器。为了获得较高的功率密度，电机的转速通常高达10000r/min。减速结构通常采用传动比为10：1左右的行星齿轮减速装置，车轮的转速为1000r/min左右。

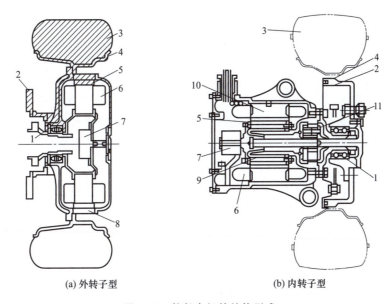

图2-44 轮毂电机的结构形式

1—轴承；2—制动鼓；3—轮胎；4—轮辐；5—永磁体；6—定子绕组；
7—位置传感器；8—外转子；9—内转子；10—外定子；11—行星齿轮

高速内转子电机的优点是具有较高的比功率，质量轻、体积小、效率高、噪声小、成本低；缺点是必须采用减速装置，使效率降低，非簧载质量增大，电机的最高转速受线圈损耗、摩擦损耗以及变速机构的承受能力等因素的限制。低速外转子电机的优点是结构简单、轴向尺寸小、比功率高，能在很宽的速度范围内控制转矩，且响应速度快，外转子直接和车轮相连，没有减速机构，因此效率高；缺点是如要获得较大的转矩，必须增大发动机体积和质量，因而成本高，加速时效率低，噪声大。这两种结构在目前的电动车中都有应用，但是随着紧凑的行星齿轮变速机构的出现，高速内转子式驱动系统在功率密度方面比低速外转子式更具竞争力。

需要附加机械制动系统。轮毂电机系统中的制动器可以根据结构采用鼓式或者盘式制动器。由于电动机电制动容量的存在，往往可以使制动器的设计容量适当减小。大多数的轮毂电机系统采用风冷方式进行冷却,也可采用水冷和油冷的方式对电机、制动器等的发热部件进行散热降温,但结构比较复杂。

2. 轮毂电机驱动方式

轮毂电机的驱动方式可以分为直接驱动和减速驱动两种基本形式。

直接驱动方式如图 2-45 所示,采用低速外转子电机,轮毂电机与车轮组成一个完整部件总成,电机布置在车轮内部,直接驱动车轮带动汽车行驶。其主要优点是电机体积小、质量轻、成本低、系统传动效率高、结构紧凑,既有利于整车结构布置和车身设计,也便于改型设计。这种驱动方式直接将外转子安装在车轮的轮辋上驱动车轮转动。由于电动汽车在起步时需要较大的转矩,所以安装在直接驱动型电动轮中的电动机必须能在低速时提供大转矩;承载大转矩时需要大电流,易损坏电池和永磁体;电机效率峰值区域很小,负载电流超过一定值后效率急剧下降。为了使汽车能够有较好的动力性,电机还必须具有很宽的转矩和转速调节范围。由于电机工作产生一定的冲击和振动,要求车轮轮辋和车轮支撑必须坚固、可靠;同时,由于非簧载质量大,要保证汽车的舒适性,要求对悬架系统进行优化设计。此方式适用于平路或负载小的场合。

减速驱动方式如图 2-46 所示,采用高速内转子电机,适合现代高性能电动汽车的运行要求。这种电动轮采用高速内转子电机,其目的是为了获得较高的功率。减速机构布置在电机和车轮之间,起减速和增矩的作用,保证电动汽车在低速时能够获得足够大的转矩。电机输出轴通过减速机构与车轮驱动轴连接,使电机轴承不直接承受车轮与路面的载荷作用,改善了轴承的工作条件;采用固定速比行星齿轮减速器,使系统具有较大的调速范围和输出转矩,消除了车轮尺寸对电机输出转矩和功率的影响。但轮毂电机内齿轮的工作噪声比较大,并且润滑方面存在很多问题;其非簧载质量也比直接驱动式电动轮电驱动系统的大,对电机及系统内部的结构方案设计要求更高。

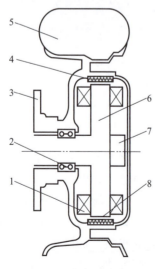

图 2-45 轮毂电机直接驱动方式

1—绕组;2—轴承;3—制动盘;4—转子磁钢;
5—轮胎;6—定子铁芯;7—轴承;8—气隙

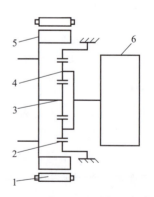

图 2-46 轮毂电机减速驱动方式

1—定子;2—齿圈;3—太阳轮;
4—行星轮;5—转子;6—车轮

第三节 逆变器与变频器结构原理

一、逆变器

逆变器（Inverter，又称变流器、反流器，或称反用换流器、电压转换器）是一种利用高频电桥电路将直流电转换成交流电的电子器件，其功能与整流器相反。它可将 12V 或 24V 的直流电转换成 230V、50Hz 交流电，或其他类型的交流电。它由逆变桥、控制逻辑和滤波电路组成，如图 2-47 所示。

1. 方波的产生

逆变器采用 CD4069 构成方波信号发生器（图 2-48）。电路中的 R_1 是补偿电阻，用于改善电源电压变化引起的振荡频率不稳。电路的振荡是通过电容 C_1 充放电完成的，其振荡频率 $f=1/(2.2RC)$。图 2-49 所示电路的最大频率 $f_{max}=1/(2.2\times 10^3 \times 2.2\times 10^{-6})=206.6Hz$，最小频率 $f_{min}=1/(2.2\times 4.3\times 10^3 \times 2.2\times 10^{-6})=48.0Hz$。由于元件的误差，实际值会略有差异。其他多余的反相器输入端接地，避免影响其他电路。

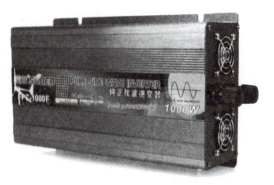

图 2-47 逆变器

2. 场效应管驱动电路

方波信号发生器输出的振荡信号电压为 0～5V，为充分驱动电源开关电路，用 TR_1、TR_2 将振荡信号电压放大至 0～12V，如图 2-49 所示。

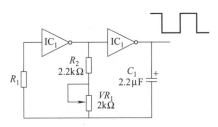

图 2-48 方波产生电路

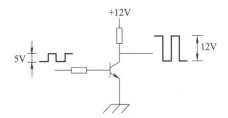

图 2-49 场效应管驱动电路

电路将一个增强型 P 沟道 MOS 场效应管和一个增强型 N 沟道 MOS 场效应管组合在一起使用。当输入端为低电平时，P 沟道 MOS 场效应管导通，输出端与电源正极接通。当输入端为高电平时，N 沟道 MOS 场效应管导通，输出端与电源负极接通。在该电路中，P 沟道 MOS 场效应管和 N 沟道 MOS 场效应管总是在相反的状态下工作，其相位输入端和输出端相反。通过这种工作方式，可以获得较大的电流输出。同时，由于漏电流的影响，使得栅极电压小于 1V 时，MOS 场效应管即被关断。不同场效应管关断电压略有不同，因此，使得该电路不会因两管同时导通而造成电源短路，如图 2-50 所示。

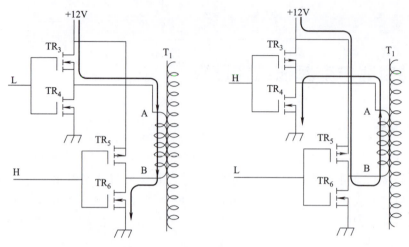

图 2-50 场效应管电源开关电路

逆变器的工作原理同前所述，这种低电压、大电流、频率为 50Hz 的交变信号通过变压器的低压绕组时，会在变压器的高压侧感应出高压交流电压，完成直流到交流的转换，如图 2-51 所示。

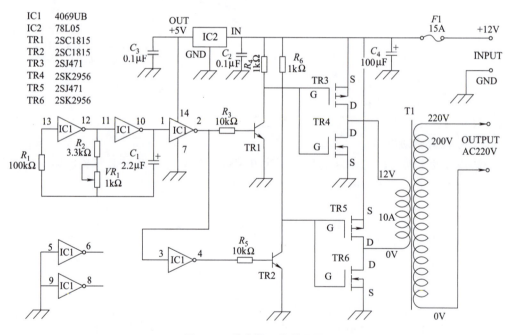

图 2-51 逆变器工作原理图

采用交流电机（交流异步感应电机和永磁同步电机）的新能源汽车，必须将电池或电容存储的直流电转换为交流电才能驱动电机旋转。丰田普锐斯的驱动电机逆变器和电压转换器集成在一起，如图 2-52 所示。

二、变频器

变频器（Variable-Frequency Drive，VFD）是应用变频技术与微电子技术，通过改变

图 2-52 丰田普锐斯混合动力汽车驱动电机逆变器

电机工作电源频率方式来控制交流电动机的电力控制设备。变频器主要由整流（交流变直留）、滤波、逆变（直流变交流）、制动单元、驱动单元、检测单元和微处理单元等组成，如图 2-53 所示。

变频器靠内部 IGBT 的开断来调整输出电源的电压和频率，根据电机的实际需要提供电源电压，达到节能、调速的目的，如图 2-54 所示。

图 2-53 变频器

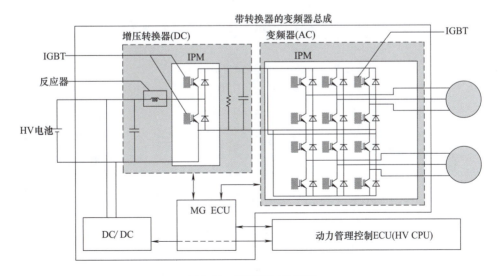

图 2-54 变频器工作原理

变频器在工作时将 500V 的交流电压转换为 201V 的直流电压，并向 EV 蓄电池充电，如图 2-55 所示。通过转换器将 201V 直流电压转换成低压 12V 直流电压，向 12V 辅助蓄电池充电，如图 2-56 所示。

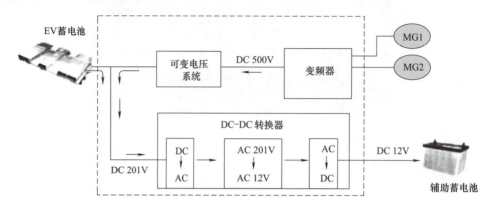

图 2-55　变频器电压转换

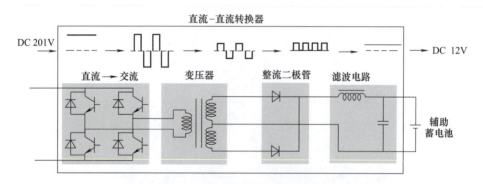

图 2-56　直流电压转换工作原理

控制空调压缩机工作时，通过变频器中的空调变频器将 EV 蓄电池 201.6V 的直流电压变为 201.6V 的交流电压，以驱动空调压缩机工作，如图 2-57 所示。

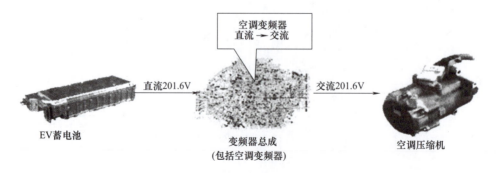

图 2-57　驱动空调压缩机工作

需要电动机驱动车辆时，转换器将 201.6V 直流电转换成 500V 直流电压，变频器再将 500V 直流电压转换为 500V 交流电压，以驱动电动机工作，如图 2-58 所示。

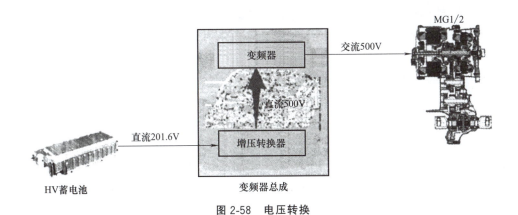

图 2-58 电压转换

第四节 控制系统结构原理

电动汽车控制系统主要包括整车控制器、电机控制器、电源管理系统、制动能量回馈系统和高压电自动断开控制器等。各控制器通过 CAN 总线实现实时通信。动力总成依据控制策略和其他控制器及传感器输入的参数，向高压电自动断开控制器和电机控制器输入控制参数。高压电自动断开控制器实时监测车辆的绝缘状态，在出现绝缘故障或蓄电池故障时，依据动力总成的控制策略，断开蓄电池组两端的继电器，保护人员和车辆的安全。电机控制器实现对电机的转速和转矩的控制。电池组电源管理系统集电池组的数据采集、状态估计、充放电保护及均衡控制于一体，是电动汽车的核心单元。

一、电动汽车整车控制器

整车控制器是电动汽车正常行驶的控制中枢，是整车控制系统的核心部件，是纯电动汽车的正常行驶、再生制动能量回收、故障诊断处理和车辆状态监视等功能的主要控制部件。

整车控制器包括硬件和软件两大组成部分，它的核心软件和程序一般由生产厂商研发，而汽车零部件供应商能够提供整车控制器硬件和底层驱动程序。现阶段国外对纯电动汽车整车控制器的研究主要集中在以轮毂电机驱动的纯电动汽车。对于只有一个电机的纯电动汽车通常不配备整车控制器，而是利用电机控制器进行整车控制。国外很多大企业都能够提供成熟的整车控制器方案，如大陆、博世、德尔福等。

1. 整车控制器组成与原理

纯电动汽车整车控制系统主要分为集中式控制和分布式控制两种方案。

集中式控制系统的基本思想是整车控制器独自完成对输入信号的采集，并根据控制策略对数据进行分析和处理，然后直接对各执行机构发出控制指令，驱动纯电动汽车的正常行驶。集中式控制系统的优点是处理集中、响应快和成本低；缺点是电路复杂，并且不易散热。

分布式控制系统的基本思想是整车控制器采集一些驾驶员信号同时通过 CAN 总线与电机控制器和电池管理系统通信，电机控制器和电池管理系统分别将各自采集的整车信号通过 CAN 总线传递给整车控制器。整车控制器根据整车信息，并结合控制策略对数据进行分析和处理，电机控制器和电池管理系统收到控制指令后，根据电机和电池当前的状态信息，控制电机运转和电池放电。分布式控制系统的优点是模块化和复杂度低；缺点是成本相对较高。

典型分布式整车控制系统示意图如图 2-59 所示，整车控制系统的顶层是整车控制器，整车控制器通过 CAN 总线接收电机控制器和电池管理系统的信息，并对电机控制器、电池管理系统和车载信息显示系统发送控制指令，电机控制器和电池管理系统分别负责驱动电机和动力电池组的监控与管理，车载信息显示系统用于显示车辆当前的状态信息等。

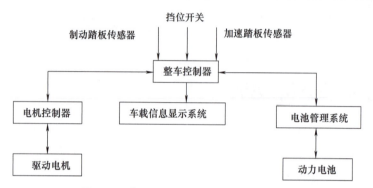

图 2-59　典型分布式整车控制系统示意图

如图 2-60 所示为某公司开发的纯电动汽车整车控制器组成原理图。整车控制器的硬件电路包括微控制器、开关量调理、模拟量调理、继电器驱动、高速 CAN 总线接口、电源等模块。

（1）微控制器模块　微控制器模块是整车控制器的核心，综合考虑纯电动汽车整车控制器的功能及其运行的外界环境，微控制器模块应该具有高速的数据处理性能、丰富的硬件接口、低成本和可靠性高的特点。

（2）开关量调理模块　开关量调理模块用于开关输入量的电平转换和整型，其一端与多个开关量传感器相连，另一端与微控制器相接。

（3）模拟量调理模块　模拟量调理模块用于采集加速踏板和制动踏板的模拟信号，并输送给微控制器。

（4）继电器驱动模块　继电器驱动模块用于驱动多个继电器，其一端通过光电隔离器与微控制器相连，另一端与多个继电器相接。

（5）高速 CAN 总线接口模块　高速 CAN 总线接口模块用于提供高速 CAN 总线接口，其一端通过光电隔离器与微控制器相连，另一端与系统高速 CAN 总线相接。

（6）电源模块　电源模块为微处理器和各输入、输出模块提供隔离电源，并对蓄电池电压进行监控，与微控制器相连。

整车控制器对电动汽车动力链的各个环节进行管理、协调和监控以提高整车能量利用效率，确保安全性和可靠性。整车控制器采集驾驶员驾驶信号，通过 CAN 总线获得驱动电机和动力电池系统的相关信息，进行分析和运算，通过 CAN 总线给出电机控制和电池管理

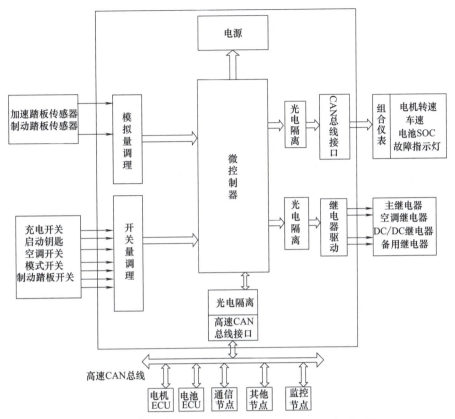

图 2-60 某公司开发的纯电动汽车整车控制器组成原理图

指令实现整车驱动控制、能量优化控制和制动能量回收控制。整车控制器还具有综合仪表接口功能，可显示整车状态信息；具备完善的故障诊断和处理功能；具有整车网关及网络管理功能。

2. 整车控制器基本功能

整车控制器通过采集加速踏板信号、制动踏板信号和挡位开关信号等驾驶信息，同时接收 CAN 总线上电机控制器和电池管理系统发出的数据，并结合整车控制策略对这些信息进行分析和判断，提取驾驶员的驾驶意图和车辆运行状态信息，最后通过 CAN 总线发出指令来控制各部件控制器的工作，保证车辆的正常行驶。整车控制器应该具备以下基本功能。

（1）对汽车行驶控制的功能　电动汽车的驱动电机必须按照驾驶员意图输出驱动或制动转矩。当驾驶员踩下加速踏板或制动踏板时驱动电机要输出一定的驱动功率或再生制动功率。踏板开度越大，驱动电机的输出功率越大，因此，整车控制器要合理解释驾驶员操作；接收整车各子系统的反馈信息，为驾驶员提供决策反馈；对整车各子系统的发送控制指令，以实现车辆的正常行驶。

（2）整车的网络化管理　整车控制器是电动汽车众多控制器中的一个，是 CAN 总线中的一个节点。在整车网络管理中，整车控制器是信息控制的中心，负责信息的组织与传输、网络状态的监控网络节点的管理以及网络故障的诊断与处理。

（3）对制动能量的回收　纯电动汽车区别于内燃机汽车的重要特征就是能够进行制动能量回收，这是通过将纯电动汽车的电机工作在再生制动状态来实现的，整车控制器分析驾驶员制动意图、动力电池组状态和驱动电机状态等消息，并结合制动能量回收控制策略，在满足制动能量回收的条件下对电机控制器发送电机模式指令和转矩指令，使得驱动电机工作在发电模式，在不影响制动性能的前提下将电制动回收的能量储存在动力电池组中，从而实现制动能量回收。

（4）整车能量管理和优化　在纯电动汽车中，动力电池除了给驱动电机供电以外，还要给电动附件供电，因此，为了获得最大的续驶里程，整车控制器将负责整车的能量管理，以提高能量的利用率。在电池的SOC值比较低的时候，整车控制器将对某些电动附件发出指令，限制电动附件的输出功率，来增加续驶里程。

（5）对车辆状态的监测和显示　整车控制器通过直接采集信号和接收CAN总线上的数据的方式获得车辆运行的实时数据，包括速度、电机的工作模式、转矩、转速、电池的剩余电量、总电压、单体电压、电池温度和故障等信息，然后通过CAN总线将这些实时信息发送到车载信息显示系统进行显示。此外整车控制器定时检测CAN总线上各模块的通信，如果发现总线上某一节点不能够正常通信，则在车载信息显示系统上显示该故障信息，并对相应的紧急情况采取合理的措施进行处理，防止极端状况的发生，使得驾驶员能够直接、准确地获取车辆当前的运行状态信息。

（6）故障诊断与处理　连续监测整车电控系统，进行故障诊断，故障指示灯指示出故障类别和部分故障码。根据故障内容，及时进行相应安全保护处理。对于不太严重的故障，能做到低速行驶到附近维修站进行检修。

（7）外接充电管理　实现充电的连接，监控充电过程，报告充电状态，充电结束。

（8）诊断设备的在线诊断和下线检测　负责与外部诊断设备的连接和诊断通信，实现UDS诊断服务，包括数据流读取，故障码的读取和清除，控制端口的调试。

如图2-61所示是纯电动汽车整车控制器实例，它通过采集行车及充电过程中的控制信号，判断驾驶员意图，通过CAN总线对整车电控设备进行管理和调度，并针对不同车型采用不同的控制策略，实现整车驱动控制、能量优化控制、制动能量回收控制和网络管理。整车控制器运用了微型计算机、智能功率驱动、CAN总线等技术，具有动态响应好、采样精度高、抗干扰能力强、可靠性好等特点。

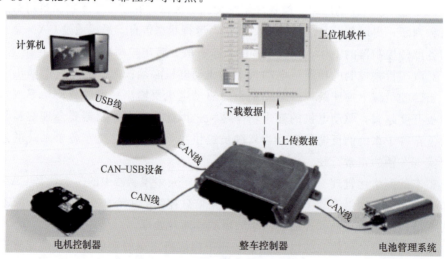

图2-61　纯电动汽车整车控制器实例

二、驱动电机控制器

根据 GB/T 18488.1—2001《电动汽车用电机及其控制器技术条件》对电机控制器的定义，电机控制器就是控制主牵引电源与电机之间能量传输的装置，由外界控制信号接口电路、电机控制电路和驱动电路组成。EV160/200 电机控制器及其位置如图 2-62 所示。

图 2-62　EV160/200 电机控制器及其位置

1. 电机控制器的结构组成

EV160/200 的电机控制器结构如图 2-63 和图 2-64 所示。EV160/200 电机控制器主要由接口电路、控制主板、IGBT 模块（驱动）、超级（高压）电容、放电电阻、电流感应器、壳体水道等部分组成。

（1）控制主板的功能

① 与整车控制器通信。

② 监测直流母线电流。

③ 控制 IGBT 模块。

④ 监控高压线束连接情况（2014 年前生产车辆无此功能）。

⑤ 反馈 IGBT 模块温度。

⑥ 旋变传感器励磁供电。

⑦ 旋变信号分析。

⑧ 信息反馈。

（2）IGBT 模块的功能

① 信号反馈给电机控制器控制主板。

② 监测直流母线电压。

③ 直流转换交流及变频。

④ 监测相电流的大小。

⑤ 监测 IGBT 模块温度。

⑥ 三相整流。

（3）超级电容和放电电阻（图 2-65）的功能

① 超级电容：接通高压电路时给电容充电，在电机运行时保持电压的稳定。

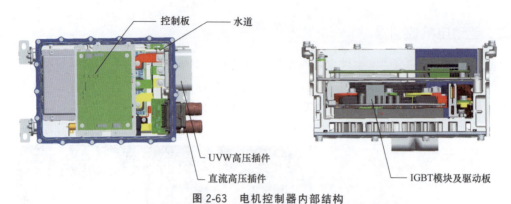

图 2-63　电机控制器内部结构

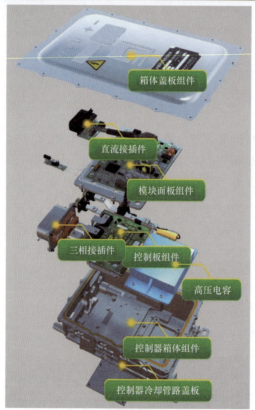

图 2-64　电机控制器外部零件

② 放电电阻：断开高压电路时，通过电阻给电容放电。

③ 放电电路故障，会警报放电超时故障，导致高压断电。

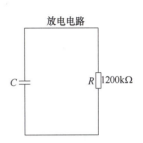

图 2-65　超级电容和放电电阻

1—超级电容；2—放电电阻

（4）传感器的功能　EV160/200 电机控制器使用以下传感器来提供驱动电机系统的工作信息。

① 电流传感器：用以检测电机工作的实际电流（包括母线电流、三相交流电流）。

② 电压传感器：用以检测供给电机控制器工作的实际电压（包括动力电池电压、12V 蓄电池电压）。

③ 温度传感器：用以检测电机控制系统的工作温度（包括 IGBT 模块温度、电机控制器板载温度）。

2. 电机控制器的控制原理

EV160/200 电机控制器作为整个制动系统的控制中心，它由逆变器和控制器两部分组成（见图 2-66）。逆变器接收电池输送过来的直流电电能，逆变成三相交流电给汽车电机提供电源。控制器接受电机转速等信号反馈到仪表，当发生制动或者加速行为时，控制器控制变频器频率的升降，从而达到加速或者减速的目的。

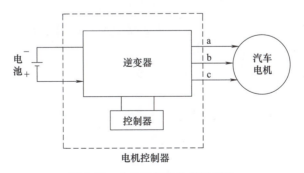

图 2-66　电机控制器的控制原理

如图 2-67 所示为无刷直流电机控制器，它除了具有调速功能外还具有能量回收功能，把制动时整车的动能通过电机发电产生电能回馈到电池，既可以最大限度地减少摩擦制动造成的能量损失，又可以提高电动汽车的续驶里程，降低运营成本，提高运营效率。

无刷直流电机控制器具有以下特点。

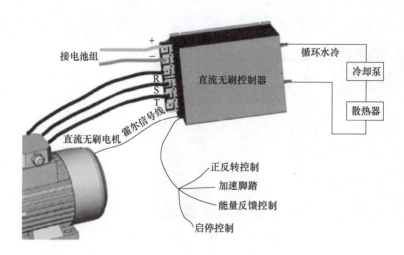

图 2-67 无刷直流电机控制器

① 电路具有完善的保护功能，具有过热保护、限流保护、异常保护和欠压保护功能。过热保护功能可避免调速器内部元件工作在过热环境中，能显著延长元件工作寿命；限流保护功能除了能在电机堵转时保护调速器内部元件外还能防止电机过热；异常保护功能能在调速器或电机出现异常时迅速关断，避免故障进一步扩大；欠压保护功能可以避免蓄电池过度放电，显著延长蓄电池寿命，减少用户不必要的损失。

② 经过严格的密封性测试，保证了其优良的防水防潮性能。

③ 控制器具有符合国际通用标准的 CAN 总线功能，便于与整车控制系统联网使用，达到快捷智能化控制。

3. 电机控制器的控制方式

电机控制方式主要有电压控制方式、电流控制方式、频率控制方式、弱磁控制、矢量控制、直接转矩控制。

(1) 电压控制方式　电压控制方式是通过改变电机端电压而实现转速控制的控制方式。

(2) 电流控制方式　电流控制方式是通过改变电机绕组电流而实现转速控制的控制方式。

(3) 频率控制方式　频率控制方式是通过改变电机的电源频率而实现转速控制的控制方式。

(4) 弱磁控制　弱磁控制是通过减弱气隙磁场控制电机转速的控制方式。

(5) 矢量控制　矢量控制是将交流电机的定子电流作为矢量经坐标变换分解成与直流电机的励磁电流和电枢电流相对应的独立控制电流分量，以实现电机转速/转矩控制的方式。

(6) 直接转矩控制　直接转矩控制是用空间矢量的分析方法直接在定子坐标系下计算并控制交流电机的转矩，采用定子磁场定向，借助于离散的两点式调节产生 PWM 信号，直接对逆变器的开关状态进行控制，以获得转矩的高动态性能的控制方式。

随着电动汽车和控制技术的发展，现代控制和智能控制在电机控制中的应用已成为趋势。

三、电动汽车制动能量回收系统

制动能量回收是把汽车制动时的一部分动能转化为其他形式的能量储存起来,在减速或制动的同时达到回收制动能量的目的,然后在汽车起步或加速时又释放储存的能量。制动能量回收对于提高电动汽车的能量利用率具有重要意义。国外有关研究表明,在存在较频繁的制动与启动的城市工况运行条件下,有效地回收制动能量,电动汽车大约可降低15%的能量消耗,可使电动汽车的续驶里程延长10%。

电动汽车制动能量回收系统主要由两部分组成,即电机再生制动部分和传统液压摩擦制动部分。所以,该制动系统可以视为机电复合制动系统。

电动汽车再生制动是利用电机的电动机/发电机可逆性原理来实现的。在电动汽车需要减速或者滑行时,可以利用驱动电机的控制电路实现电机的发电运行,使减速制动时的能量转换成对蓄电池充电的电流,从而得到再生利用。由于摩擦制动一般采用液压形式,所以所提到的机电复合制动系统也可以称为再生-液压混合制动系统。从保证制动安全和提高能量利用率的角度来考虑,再生-液压混合制动系统是最适合电动汽车的综合制动系统。

但是其无法使得车轮完全停止转动,制动效果受到电机、电池和速度等诸多条件的限制,在紧急制动和高强度制动条件下不能独立完成制动要求,因此,为了保证汽车的制动安全性能,在采用电机再生制动的同时,必须使用传统的液压摩擦制动作为辅助,从而达到既保证汽车的制动安全性,又回收可观的能量的目的。

电动汽车的制动系统为双回路液压制动系统+电动真空助力+电机再生制动。

制动过程中,制动控制器根据制动踏板的开度(实际为主缸压力),判断整车的制动强度,确定相应的摩擦制动和再生制动的分配关系。前后轴的摩擦制动分配关系由液压系统对前后轮的分配关系实现;制动控制器根据制动强度和电池的 SOC 值确定可以输出的制动转矩并对前后轴进行分配,然后通过电机控制器控制驱动电机进行再生制动。在整个制动的过程中,要保证电动汽车的制动稳定性和平稳性,并尽可能多地回收制动能量,延长电动汽车续驶里程。

四轮轮毂电机驱动的纯电动汽车制动能量回收系统的结构原理如图2-68所示。电动汽车的制动过程是在液压摩擦制动与电机再生制动协调作用完成的。再生制动系统主要是由轮毂电机、电机控制器、逆变器、制动控制器和动力电池等主要部件组成。汽车进行制动时制动控制器根据不同的制动工况发出不同的指令,通过电机控制器控制轮毂电机,进行再生制动。

制动能量回收通过以下过程来实现。

① 在制动开始时,能量管理系统将动力电池 SOC 值发送给制动控制器,当 $SOC>0.8$ 时,取消能量回收;当 $0.7 \leqslant SOC \leqslant 0.8$ 时,制动能量回收受动力电池允许的最大充电电流制约;当 $SOC<0.7$ 时,制动能量回收不受动力电池允许的最大充电电流制约。

② 制动控制器接收由压力变送器传送的主缸压力信号,并计算出需求的电机再生制动强度上限。

③ 制动控制器根据轮毂电机转速,计算轮毂电机实际能够提供的制动强度。

④ 比较需求的电机再生制动强度上限和轮毂电机实际能够提供的制动强度,并将结果作为电信号发送给电机控制器。

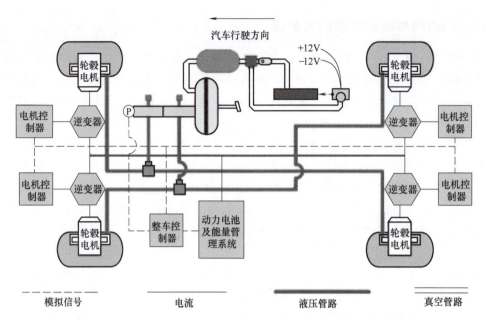

图 2-68 四轮轮毂电机驱动的纯电动汽车制动能量回收系统的结构原理

⑤ 此时的轮毂电机工作在发电机状态下,可以提供电压恒定流向的电流,再通过逆变器限制电机产生的最高电压和对电压进行升压以便满足电流输出要求,充到动力电池组中。

⑥ 为了对动力电池进行保护,能量管理系统需要时刻检测电池温度,当温度过高则停止制动能量回收。

第三章 纯电动汽车结构与原理

纯电动汽车是指由电机驱动的汽车,电机的驱动电能来源于车载可充电蓄电池或其他能量储存装置。纯电动汽车的电机相当于内燃机汽车的发动机,蓄电池或其他能量储存装置相当于内燃机汽车油箱中的燃料。目前,纯电动汽车是发展最快的新能源汽车,也是新能源汽车发展的重点。

新能源汽车的结构和传统汽车有很大的不同,图 3-1 所示为北汽新能源 EV160/200 纯电动汽车的结构。

图 3-1 纯电动汽车的结构

第一节 纯电动汽车概述

一、纯电动汽车的技术条件

纯电动汽车主要以纯电动乘用车为主,GB/T 28382—2012《纯电动乘用车技术条件》

规定了座位数在 5 座及以下的纯电动乘用车的技术条件。

1. 重量分配

车辆的电机及动力蓄电池系统应合理布置，重量分布均衡；车辆的动力蓄电池（包含电池箱及箱内部件）总重量与整车整备重量的比值，不宜大于 30%。

2. 行李舱容积

车辆应具有适宜的行李舱容积，对于 4 座及 5 座车辆，按 GB/T 19514—2004《乘用车行李舱标准容积的测量方法》测量，行李舱容积不宜小于 $0.3m^2$。

3. 安全要求

车辆的特殊安全、制动性能、乘员保护等应符合以下要求。

① GB/T 18384.1—2015《电动汽车　安全要求　第 1 部分：车载可充电储能系统》、GB/T 18384.2—2015《电动汽车　安全要求　第 2 部分：操作安全和故障防护》、GB/T 18384.3—2015《电动汽车　安全要求　第 3 部分：人员触电防护》对纯电动汽车特殊安全的规定。

② GB 21670—2008《乘用车制动系统技术要求及试验方法》对制动性能的规定。

③ GB 11551—2014《汽车正面碰撞的乘员保护》和 GB 20071—2006《汽车侧面碰撞的乘员保护》对乘员保护的规定。

④ 车辆在设计时应考虑车辆启动、速度低于 20km/h 时，能够给车外人员发出适当的提示性声响。

4. 动力性能要求

车辆的动力性能应满足以下要求。

（1）30min 最高车速　30min 最高车速是指电动汽车能够持续行驶 30min 以上的最高平均车速。按照 GB/T 18385—2005《电动汽车动力性能试验方法》规定的试验方法测量 30min 最高车速，其值应不低于 80km/h。

（2）加速性能　按照 GB/T 18385—2005《电动汽车动力性能试验方法》规定的试验方法测量车辆 0～50km/h 和 50～80km/h 的加速性能，其加速时间应分别不超过 10s 和 15s。

（3）爬坡性能　按照 GB/T 18385—2005《电动汽车动力性能试验方法》规定的试验方法测量车辆爬坡速度和最大爬坡度，车辆通过 4% 坡度的爬坡速度不低于 60km/h；车辆通过 12% 坡度的爬坡速度不低于 30km/h；车辆最大爬坡度不低于 20%。

5. 低温启动性能要求

车辆在 −20℃±2℃ 的试验环境温度下，浸车 8h 后，应能正常启动、行驶。

6. 续驶里程

按照 GB/T 18386—2005《电动汽车能量消耗率和续驶里程试验方法》工况法测量续驶里程，其值应大于 80km。

7. 操纵稳定性

按照 QC/T 480—1999《汽车操纵稳定性指标限值与评价方法》，进行操纵稳定性试验，其指标应满足 QC/T 480 的要求。

8. 可靠性要求

车辆的可靠性应满足以下要求。

（1）里程分配　可靠性行驶的总里程为 15000km，其中强化坏路 2000km，平坦公路

6000km，高速公路2000km，工况行驶5000km（工况行驶按照GB/T 19750中的要求进行）；可靠性行驶试验前的动力性能试验里程以及各试验间的行驶里程等可计入可靠性试验里程。

（2）故障整个可靠性　试验过程中，整车控制器及总线系统、动力蓄电池及管理系统、电机及电机控制器、车载充电机等系统和设备不应出现危及人身安全、引起主要总成报废、对周围环境造成严重危害的故障（致命故障）；也不应出现影响行车安全、引起主要零部件和总成严重损坏或用易损备件和随车工具不能在短时间内排除的故障（严重故障）。

（3）车辆维护　车辆的正常维护和充电应按照车辆制造厂的规定；整个行驶试验期间，不应更换动力系统的关键部件，如电机及其控制器、动力蓄电池及管理系统、车载充电机等。

（4）性能复试　可靠性试验结束后，进行30min最高车速、续驶里程复试。其30min最高车速复测值应不低于初始所测值的80%，且应不低于70km/h；工况法续驶里程复试值应不低于初始所测值的80%，且应不低于70km。

9. 车辆上安装的动力蓄电池的要求

车辆上安装的动力蓄电池应满足以下要求。

（1）一般要求　动力蓄电池根据其类型，应符合QC/T 742—2006《电动汽车用铅酸蓄电池》、QC/T 743—2006《电动汽车用锂离子蓄电池》或QC/T 744—2006《电动汽车用金属氢化物镍蓄电池》的要求。

（2）低温容量　在环境温度为-20℃时，动力蓄电池模块容量与常温下的容量比应不小于70%；动力蓄电池根据其类型，试验方法参照QC/T 742、QC/T 743或QC/T 744中相应的条款。

二、纯电动汽车的特点

纯电动汽车与内燃机汽车相比，具有以下优点。

① 零排放。纯电动汽车使用电能，在行驶中无废气排出，不污染环境。

② 能源效率高。电动汽车的能源效率已超过汽油机汽车，特别是在城市中运行，汽车走走停停，行驶速度不高，电动汽车更加适应且电动汽车停止时不消耗电量，在制动过程中，电机可自动转化为发电机，实现制动减速时能量的再利用。

③ 结构简单。因使用单一的电能源，省去了发动机、变速器、油箱、冷却和排气系统等，所以结构较简单。

④ 噪声低。电动汽车无内燃机产生的噪声，电机噪声也较内燃机小。

⑤ 节约能源。电动汽车的应用可有效地减少对石油资源的依赖，向蓄电池充电的电力可以由煤炭、天然气、水力、核能、太阳能、风力、潮汐等能源转化。除此之外，如果夜间向蓄电池充电，还可以避开用电高峰，有利于电网均衡负荷，减少费用。

纯电动汽车与内燃机汽车相比，具有以下缺点。

① 续驶里程较短。目前电动汽车尚不如内燃机汽车技术完善，尤其是动力蓄电池的寿命短，使用成本高，储能量小，一次充电后续驶里程较短。

② 成本高。目前，纯电动汽车主要采用锂离子蓄电池，成本较高。

③ 安全性。锂离子蓄电池的安全性有待进一步提高。

④ 配套不完善。电动汽车的使用还远不如内燃机汽车使用方便，还要加大配套基础设施的建设。

随着电动汽车技术的突破，特别是动力蓄电池容量和循环寿命的提高，以及价格的降低，电动汽车的推广使用一定会得到大的发展。

第二节 纯电动汽车的总体结构

一、纯电动汽车的基本结构组成

内燃机汽车主要由发动机、底盘、车身和电气设备 4 大部分组成。发动机把燃料燃烧产生的热能变成机械能，再通过底盘上的传动机构，将动力传给驱动车轮，使汽车行驶。纯电动汽车与内燃机汽车相比，取消了发动机，底盘上的传动机构发生了改变，根据驱动方式不同，有些部件已被简化或省去；增加了电源系统和驱动电机系统等。

典型纯电动汽车组成如图 3-2 所示，主要包括电源系统、驱动电机系统、整车控制器和辅助系统等。动力电池输出电能，通过电机控制器驱动电机运转产生动力，再通过减速机构，将动力传给驱动车轮使电动汽车行驶。

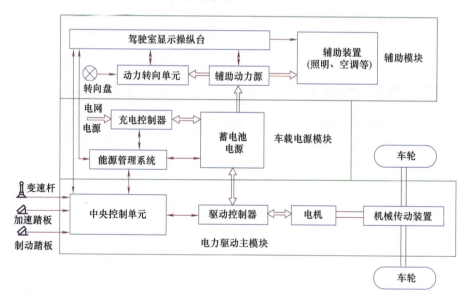

图 3-2 典型纯电动汽车组成

1. 电源系统

电源系统主要包括动力电池、电池管理系统、车载充电机及辅助动力源等。动力电池是电动汽车的动力源，是能量的存储装置，也是目前制约电动汽车发展的关键因素，要使电动汽车与内燃机汽车相竞争，关键是开发出比能量高、比功率大、使用寿命长、成本低的动力电池。目前纯电动汽车以锂离子蓄电池为主。电池管理系统实时监控动力电池的使用情况，对动力电池的端电压、内阻、温度、电解液浓度、当前电池剩余电量、放电时间、放电电流或放电深度等动力蓄电池状态参数进行检测，并按动力电池对环境温度的要求进行调温控制，通过限流控制避免动力蓄电池过充、过放电，对有关参数进行显示和报警，其信号流向辅助系统的车载信息显示系统，以便驾驶员随时掌握并配合其操作，按需要及时对动力电池充电并进行维护保养。

车载充电机是把电网供电制式转换为对动力电池充电要求的制式，即把交流电转换为相应电压的直流电，并按要求控制其充电电流。辅助动力源一般为12V或24V的直流低压电源，它主要给动力转向、制动力调节控制、照明、空调、电动窗门等各种辅助用电装置提供所需的能源。

2. 驱动电机系统

驱动电机系统主要包括电机控制器和驱动电机，电机控制器是按整车控制器的指令、驱动电机的转速和电流反馈信号等，对驱动电机的转速、转矩和旋转方向进行控制。电机在纯电动汽车中被要求承担着电动和发电的双重功能，即在正常行驶时发挥其主要的电动功能将电能转化为机械旋转能；而在减速和下坡滑行时又被要求进行发电，承担发电机功能，将车轮的惯性动能转换为电能。

3. 整车控制器

整车控制器根据驾驶员输入的踏板和制动踏板的信号，向电机控制器发出相应的控制指令，对电机进行启动、加速、减速、制动控制。在纯电动汽车减速和下坡滑行时，整车控制器配合电源系统的电池管理系统进行发电回馈，使动力蓄电池反向充电。整车控制器还对动力蓄电池充放电过程进行控制。对于与汽车行驶状况有关的速度功率、电压、电流及有关故障诊断等信息还需传输到车载信息显示系统进行相应的数字或模拟显示。

4. 辅助系统

辅助系统包括车载信息显示系统、动力转向系统、导航系统、空调、照明及除霜装置、刮水器和收音机等，借助这些辅助设备来提高汽车的操纵性和乘员的舒适性。

未来电动汽车的车载信息显示系统将全面超越传统汽车仪表的现有功能，系统主要功能包括全图形化数字仪表、GPS导航、车载多媒体影音娱乐、整车状态显示、远程故障诊断、无线通信、网络办公、信息处理、智能交通辅助驾驶等。未来的车载信息显示系统是人、车、环境的充分交互，集电子、通信、网络、嵌入式等技术为一体的高端车载综合信息显示平台。

电动汽车是由多个子系统构成的复杂系统，控制系统的数量也比同类型的燃油汽车多，其整体性能的发挥和安全可靠性均取决于各个子系统的协同工作。因此，电动汽车更需要采用车载网络系统进行整车信息的通信和数据共享。电动汽车网络化控制系统如图3-3所示。

二、纯电动汽车驱动系统布置形式

纯电动汽车驱动系统布置形式是指驱动轮数量、位置以及驱动电机系统布置的形式。电动汽车的驱动系统是电动汽车的核心部分，其性能决定着电动汽车行驶性能的好坏。电动汽车的驱动系统布置取决于电机驱动方式，可以有多种类型。电动汽车的驱动方式主要有后轮驱动、前轮驱动和四轮驱动。

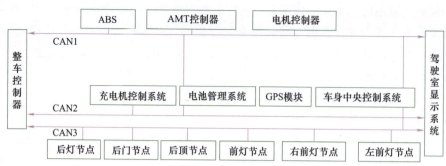

图 3-3 电动汽车网络化控制系统

(一) 后轮驱动方式

后轮驱动方式是传统的布置方式,适合中高级电动轿车和各种类型电动客货车,有利于车轴负荷分配均匀,汽车操纵稳定性、行驶平顺性较好。

后轮驱动方式主要有传统后驱动布置形式、电机驱动桥组合后驱动布置形式、电机变速器一体化后驱动布置形式、轮边电机后驱动布置形式、轮毂电机后驱动布置形式等。

1. 传统后驱动布置形式

传统后驱动布置形式如图 3-4 所示,它与传统内燃机汽车后轮驱动系统的布置方式基本一致,带有离合器、变速器和传动轴,驱动桥与内燃机汽车驱动桥一样,只是将发动机换成电机。这种布置形式一般用于改造型电动汽车。

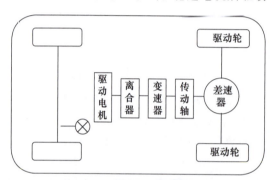

图 3-4 传统后驱动布置形式

2. 电机驱动桥组合后驱动布置形式

电机驱动桥组合后驱动布置形式如图 3-5 所示。它取消了离合器、变速器和传动轴,但具有减速差速机构,把驱动电机、固定速比的减速器和差速器集成为一个整体,通过 2 个半轴来驱动车轮。此种布置形式的整个传动长度比较短,传动装置体积小,占用空间小,容易布置,可以进一步降低整车的重量;但对电机的要求较高,不仅要求电机具有较高的启动转矩,而且要求具有较大的后备功率,以保证电动汽车的启动、爬坡、加速超车等动力性。一般低速电动汽车采用这种布置形式。

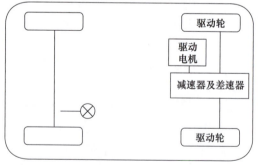

图 3-5 电机驱动桥组合后驱动布置形式

电机驱动桥组合后驱动布置形式采用的驱动桥与内燃机汽车驱动桥不同,需要电动汽车专用后驱动桥,如图 3-6 所示。

3. 电机变速器一体化后驱动布置形式

电机变速器一体化后驱动布置形式如图 3-7 所示,相比单一的电机驱动系统,一体化驱动系统可以综合协调控制电机和变速器,最大限度地改善电机输出动力特性,增大电机转矩输出范围，在提升电动汽车的动力性的同时，使电机最大限度地工作在高效经济区域内。变速器一般采用 2 挡自动变速器。

图 3-6 电动汽车专用后驱动桥

如图 3-8 所示为某企业开发的电机变速器一体化驱动组件，该驱动组件以一体化为前提来设计电机和变速器，省去了用于从后方连接的部件及空间，从而将轴向尺寸缩小了约 35%。

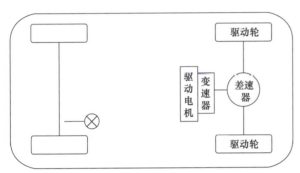

图 3-7 电机变速器一体化后驱动布置形式

图 3-8 某企业开发的电机变速器一体化驱动组件

4. 轮边电机后驱动布置形式

轮边电机后驱动布置形式如图 3-9 所示，轮边电机与减速器集成后融入驱动桥上，采用刚性连接，减少高压电器数量和动力传输线路长度。优化后的驱动系统可降低车身高度、提高承载量、提升有效空间。

轮边电机后驱动布置形式可用于电动客车。如图 3-10 所示为某电动客车采用的轮边电机后驱动桥实物。

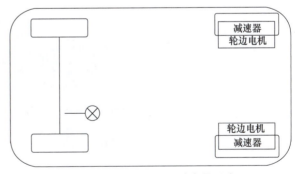

图 3-9 轮边电机后驱动布置形式

5. 轮毂电机后驱动布置形式

轮毂电机后驱动布置形式如图 3-11 所示，轮毂电机直接安装在车轮上，此时，轮毂是电机的转子，羊角轴承座是定子。

如图 3-12 所示为轮毂电机后驱动的纯电动汽车，它大大减少了零部件数量和动力系统的体积，让车辆的动力系统变得更加简单，大大提高了车内空间的实用性和利用率、每个

图 3-10　某电动客车采用的轮边电机后驱动桥实物

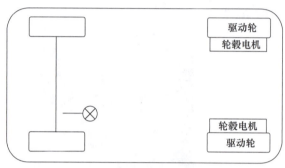

图 3-11　轮毂电机后驱动布置形式

车轮独立的轮毂电机相比一般电动汽车,也省掉了传动半轴和差速器等装置,同样节省了大量空间且传动效率更高。将动力蓄电池放置在传统的发动机舱中,而将辅助蓄电池、电机控制器、充电机等布置在车尾附近,根据实际需要可以在车辆上灵活地布置电池组。从另一个方面来看,在满足目前空间需求的前提下,使用轮毂电机驱动的车辆在体积上可以变得更加小巧,这将改善城市中的拥堵和停车等问题。同时,独立的轮毂电机在驱动车辆方面灵活性更高,能够实现传统车辆难以实现的功能或驾驶特性。

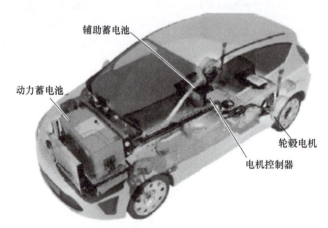

图 3-12　轮毂电机后驱动的纯电动汽车

轮边电机和轮毂电机在原理上可以实现任何一种驱动形式,但由于成本过高,目前还没有厂家推出量产车,更多的是作为试验车或改装车存在。

(二)前轮驱动方式

前轮驱动纯电动汽车结构紧凑,有利于其他总成的安排,在转向和加速时行驶稳定性较好;前轮驱动兼转向,结构复杂,上坡时前轮附着力减小,易打滑。前轮驱动方式适合于中级及中级以下的电动轿车。

前轮驱动方式主要有电机驱动桥组合前驱动布置形式、电机变速器组合前驱动布置形式、电机变速器一体化前驱动布置形式、轮边电机前驱动布置形式、轮毂电机前驱动布置形式等。

1. 电机驱动桥组合前驱动布置形式

电机驱动桥组合前驱动布置形式如图 3-13 所示。

电机驱动桥组合前驱动布置形式需要电动汽车专用前驱动转向桥,如图 3-14 所示。

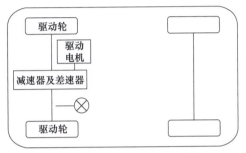

图 3-13 电机驱动桥组合前驱动布置形式

图 3-14 电动汽车专用前驱动转向桥

2. 电机变速器组合前驱动布置形式

电机变速器组合前驱动布置形式如图 3-15 所示,变速器可用 2 挡。

3. 电机变速器一体化前驱动布置形式

电机变速器一体化前驱动布置形式如图 3-16 所示。

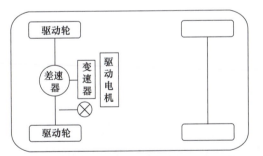

图 3-15 电机变速器组合前驱动布置形式

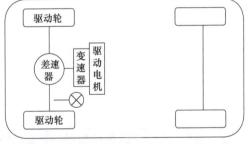

图 3-16 电机变速器一体化前驱动布置形式

4. 轮边电机前驱动布置形式

轮边电机前驱动布置形式如图 3-17 所示。

5. 轮毂电机前驱动布置形式

轮毂电机前驱动布置形式如图 3-18 所示。

(三) 四轮驱动方式

四轮驱动适合要求动力性强的电动轿车或城市 SUV,与四轮驱动内燃机汽车相比,四轮驱动纯电动汽车能够取消部分传动零件,提高空间的利用率和动力的传递效率。

四轮驱动方式主要采用轮边电机或轮毂电机方式。轮边电机四轮驱动布置形式如图 3-19 所示,轮毂电机四轮驱动布置形式如图 3-20 所示。

电机四轮驱动可以极大地节省空间,并且每个车轮都是一个独立的动力单元,因此能够实现对每一个车轮进行精准的转矩分配,反应更快、更直接,效率更高,这是目前传统四轮驱动汽车无法做到的。轮边电机和轮毂电机驱动布置形式是纯电动汽车驱动系统布置形式的发展趋势。

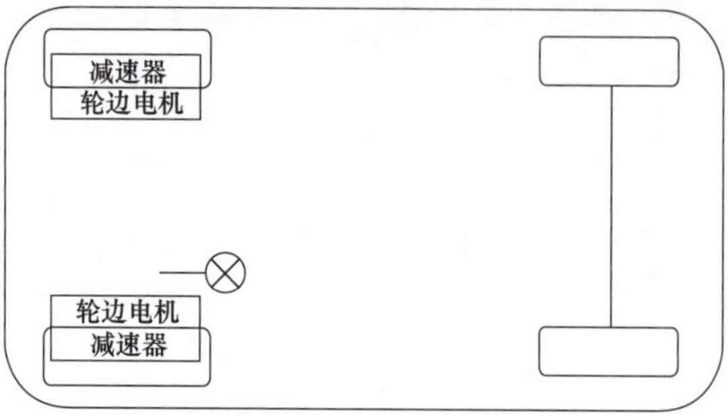

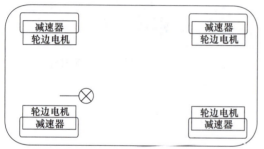

图 3-17　轮边电机前驱动布置形式

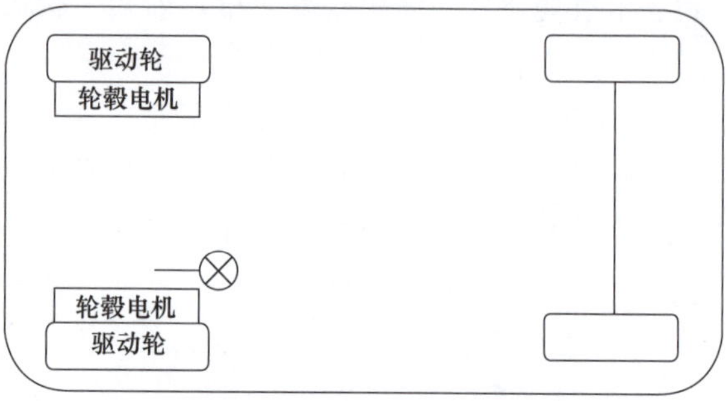

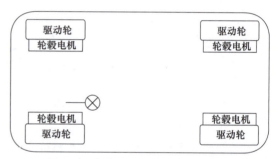

图 3-18　轮毂电机前驱动布置形式

图 3-19　轮边电机四轮驱动布置形式

图 3-20　轮毂电机四轮驱动布置形式

随着电机技术和变速技术的发展，会有更多种驱动系统布置形式出现。电动汽车驱动系统布置的原则是简单、节省空间、效率高。

第三节　典型纯电动汽车车型实例

一、比亚迪 E6 纯电动汽车

比亚迪 E6 纯电动汽车整体布局如图 3-21 所示，比亚迪纯电动汽车结构组成与工作原理如图 3-22 所示。电源接通，汽车前进时，主控 ECU 接收挡位控制器、加速踏板和角度传感器等各方面信息，传递给电机控制器，以控制流向前驱电机的电流，此时电池组电流通过应急开关、配电箱/继电器之后，一路经过电机控制器向前驱动电机供给需要的电流，从而使驱动电机运转，通过变速器/差速器和传动轴，带动左右前轮转动，使汽车行进；另一路经过 DC-DC 转换器，将电池组 330V 高压直流电转换为低压 42V，提供给电动转向系统 EPS 使用。同时电池组受 BMS 控制，将电池组的瞬时电压、电流、温度、存电情况等信息传递给 BMS，以防止电池组过放电或温度过高损坏电池组。如果发生漏电情况，漏电保护器起作用。一旦发生紧急短路等情况，保护装置熔丝即熔断保护。

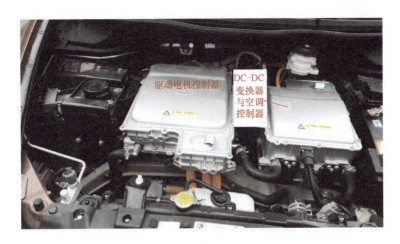

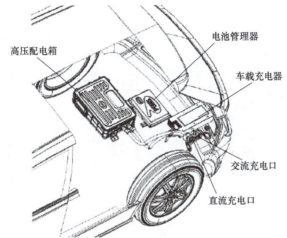

图 3-21　比亚迪 E6 纯电动汽车整体布局

1. 比亚迪 E6 纯电动汽车电池组

E6 纯电动汽车采用磷酸铁锂电池，简称铁电池，也是锂电池的一种，它放在汽车底部，由 90 个单体电池组成，总电压 307V，电池容量达 220A·h，可以使续驶里程达到 300km，如图 3-23 所示。

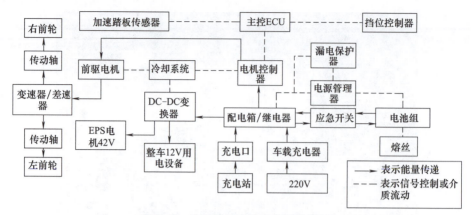

图 3-22 比亚迪纯电动汽车工作原理

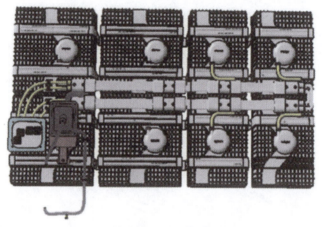

图 3-23 E6 电池组

电池管理系统结构如图 3-24 所示,它包括多个处理模块:数据采集模块、SOC 估算模块、电气控制模块、安全管理模块、热管理模块、数据通信和显示模块等。BMS 动态监测动力电池组的工作状态,实时采集每块电池的端电压和温度、充放电电流及电池包总电压,估算出各电池的荷电状态 SOC、安全状态 SOH(State Of Health)和电化学状态 SOE

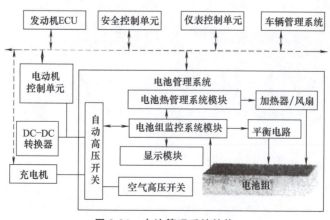

图 3-24 电池管理系统结构

(State Of Electrochemistry)。然后通过控制其他器件，防止电池产生过充电或过放电现象，同时能够及时给出电池状况，找出故障电池所在箱号内位号，挑选出有问题的电池，保持整组电池运行的可靠性和高效性。此外，BMS 还需要设定面向用户端的显示，将估算的剩余电量换算成可行驶里程，同时还需要有自动报警和故障诊断功能，方便驾驶人操作和处理。BMS 的主要工作原理可简单归纳如下：数据采集电路首先采集电池状态信息数据，再由电子控制单元 ECU 进行数据处理和分析，然后根据分析结果对系统内的相关功能模块和执行部件发出控制指令，并向外界传递信息。

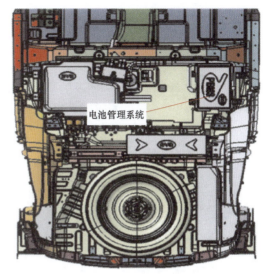

图 3-25 电池管理系统位置

如图 3-25 所示，比亚迪电动汽车电池管理系统置于发动机室上部，同时还有动力配电箱与其配合，通过配电箱对电池包体中巨大的能量进行控制，它相当于一个大型的电闸，通过继电器的吸合来控制电流通断，将电流进行分流。关键零部件为继电器，为了控制如此大的电流通过整车，需要几个继电器的并联工作。

2. 电动汽车的控制模块

（1）电机控制器 负责控制电机的前进、倒退、维持电动车的正常运转，关键零部件为 IGBT，IGBT 实际为大电容，目的是为了控制电流的工作，保证能够按照我们的意愿输出合适的电流参数，如图 3-26 所示。

（2）DC-DC 转换器 负责将 330V 高压直流转低压提供给车载低压用电设备，如蓄电池、EPS 等，如图 3-27 所示。

3. 电动汽车的动力电机

电机系统主要由驱动电机及其管理、控制装置组成，图 3-28 为比亚迪 E6 的驱动电机及其控制器。动力电机根据冷却形式分风冷和水冷，根据结构分为直流有刷电机和直流无刷电机以及交流电机。现在使用的电机为交流无刷电机，通过采集电机旋变信号进行工作。

驱动电机是 EV 的唯一驱动装置，是 EV 的心脏，其重要性相当于传统汽车的内燃机。驱动电机有外转子式和内转子两大类。

外转子式采用低速外转子电机，如图 3-29 所示，电机的最高转速在 1000～1500r/min，无减速装置，车轮的速度与电机相同。采用低速外转子电机，外转子就安装在车轮轮缘上，而且电机转速和车轮转速相等，因而就不需要减速装置。

内转子式如图 3-30 所示，采用高速内转子电机，配备固定传动比的行星减速器，也称轮边减速器，为获得较高的功率密度，电机的转速可高达 10000r/min。所选用的行星齿轮变速机构的速度比为 10∶1，而车轮的转速范围则为 0～1000r/min。随着更为紧凑的行星齿轮减速器的出现，内转子式轮毂电机在功率密度方面比低速外转子式更具竞争力。

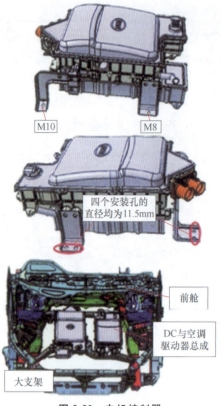

图 3-26 电机控制器

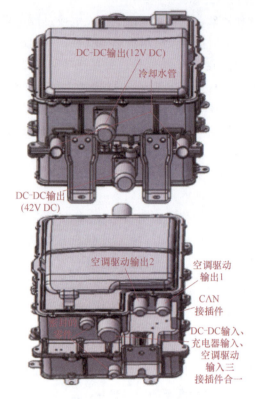

图 3-27 DC-DC 转换器

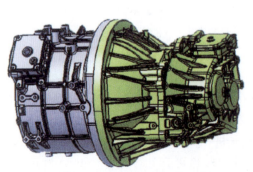

图 3-28 驱动电机及控制器

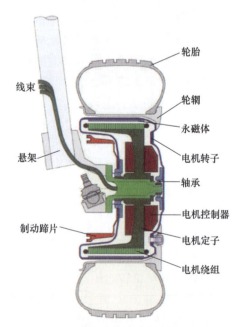

图 3-29 外转子式轮毂电机

4. 其他高压辅助设备

（1）车载慢充（图 3-31） 车载慢充系统需要提升低压转高压的转化效率。需要注意的是使用家用插座为电动车充电时,也需要考虑插座及线路的承受能力,需要额定电流为 10A 的单相 220V 插座,如果采用一些伪劣产品的插座,也可能导致充电插座烧毁、线路烧熔等安全隐患。

(2) 漏电保护器(图 3-32) 通过将一端和负极相连,一端和车身连接,检测电流和电压值,一旦发现有超出限制的电流和电压,则报警并切断控制模块,保证蓄电池系统泄漏电流量不超过 2mA(E6 车型);整车绝缘电阻值应大于 100Ω/V(E6 车型)。

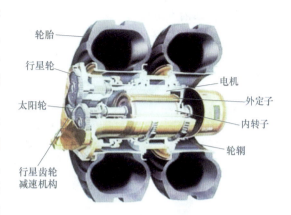

图 3-30 内转子式轮毂电机

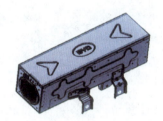

图 3-31 车载慢充系统

图 3-32 漏电保护器

(3) 挡位控制器(图 3-33) 用来控制电动车前进、后退、停车等动作的部件,由于电动车与传统燃油车的控制方式不同,故挡位控制类似自动挡。

(4) 主控 ECU(图 3-34) 接受各高压监控系统发出的信号,并加以判断;控制冷却系统、制动系统、车速里程等。

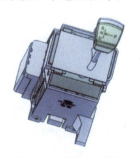

图 3-33 挡位控制器

图 3-34 主控 ECU

(5) 加速踏板(图 3-35) 通过改变电流大小控制电机转速。

(6) 车载充电口(图 3-36) 车载充电可分为快充和慢充,为了保证充电迅速高效,使用特定的充电口进行充电,充电时需要保证整车防水密封性要求,并且能够保证车载充电口能够承受瞬时大电流的充电过程。

(7) 应急开关(图 3-37) 通常设计为人工操作的安全开关,一般设计在电池的正负极近端,保证通过人工操作应急开关能够在紧急情况下将电池电压封闭。

5. 电动汽车的充电接口

比亚迪 E6 电动汽车电池充电接口在汽车侧面，左侧是 380V 插口，右侧是 220V 插口，如图 3-38 所示。充电时，仪表板会亮起相应的指示灯（图 3-39）。

图 3-35　加速踏板

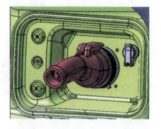

图 3-36　车载充电口

图 3-37　应急开关

图 3-38　比亚迪 E6 电动汽车电池充电接口

图 3-39　比亚迪 E6 电动汽车充电指示灯

二、北汽新能源 EV160/200

1. 总体结构布局

北汽新能源 EV160/200 总体结构如图 3-40 所示。

2. 动力电池系统的结构

动力电池系统主要由动力电池模组、电池管理系统、动力电池箱及辅助元器件等四部分组成，如图 3-41 所示，电池管理系统如图 3-42 所示。

3. 高压部件

新能源汽车的高压部件的发展趋势是越来越集成化，例如新款的 EV160 将车载充电机、高压控制盒和 DC/DC 变换器等集成一体，称为 PDU（Power Distributor Unit，动力分配单元），图 3-43 所示是新款 EV160 的前舱高压部件分布图；将车载充电机、高压控制盒、DC/DC 和电控控制器集成一体，称为 PEU，图 3-44 所示是 EU400D 的前舱高压部件分布图。

EV160/200 高压控制盒的外观如图 3-45 所示，线束接口如图 3-46 所示。

EV160/200 高压控制盒的接口定义如图 3-47 和图 3-48 所示。

EV160/200 高压控制盒接快充插件接口定义（图 3-47）：1—电源负极，2—电源正极，3—互锁信号线，4—互锁信号（到盒盖开关）。

EV160/200 高压控制盒接低压控制端插件接口定义（图 3-47）：1—快充继电器线圈（正极），2—快充负继电器线圈（控制端），3—快充正继电器线圈（控制端），4—空调继电

(a) 总体布局

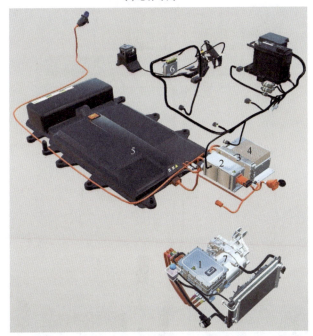

(b) 前舱布局

图 3-40 北汽新能源 EV160/200 总体结构

1—驱动电机控制器；2—高压控制盒；3—DC/DC 变换器；4—车载充电器；5—动力蓄电池系统；6—整车控制器（VCU）；7—驱动电机

器线圈（正极），5—空调继电器线圈（控制端），6—PTC 控制器 GND，7—PTC 控制 CANL，8—PTC 控制 CANH，9—PTC 温度传感器负极，10—PTC 温度传感器正极，11—互锁信号；12—缺省。

EV160/200 高压控制盒接高压附件插件接口定义（图 3-48）：A—DC/DC 电源正极，B—PTC 电源正极，C—压缩机电源正极，D—PTC-A 组负极，E—充电器电源正极，F—充电器电源负极，G—DC/DC 电源负极，H—压缩机电源负极，J—PTC-B 组负极，L—互锁信号线，K—空引脚。

   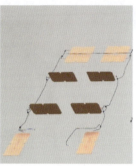

(a) 动力电池模组　　(b) 电池管理系统　　(c) 动力电池箱　　(d) 辅助元器件

图 3-41　北汽 EV160/200 纯电动汽车动力电池系统 3D 拆解图

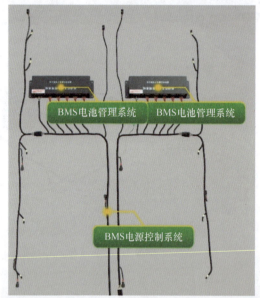

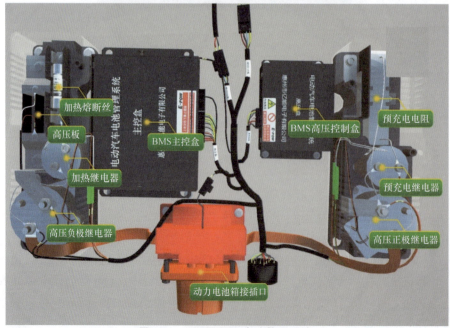

图 3-42　EV160/200 电池管理系统

图 3-43　新款 EV160 的前舱高压部件分布图

1—电机控制器；2—动力分配单元；3—辅助蓄电池

图 3-44　EU400D 的前舱高压部件分布图

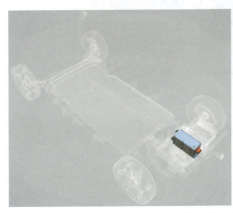 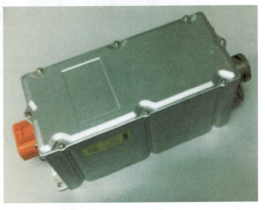

图 3-45　高压控制盒的外观

EV160/200 高压控制盒接动力蓄电池插件接口定义：A—电源负极，B—电源正极，C—互锁信号线，D—互锁信号线。

EV160/200 高压控制盒接电机控制器插件接口定义：A—电源负极，B—电源正极，C—互锁信号线，D—互锁信号线。

EV160/200 高压控制盒互锁接线如图 3-49 所示。

EV160/200 高压控制盒的内部结构如图 3-50、图 3-51 所示。

图 3-46　高压控制盒线束接口
1—快充插件接口；2—低压控制插件接口；3—高压附件插件接口；
4—动力蓄电池插件接口；5—电机控制器插件接口

图 3-47　快充插件接口和低压控制端插件接口定义

图 3-48　高压附件插件接口、动力蓄电池插件接口和电机控制器插件接口定义

EV160/200 高压控制盒的电路如图 3-52 所示。

三、EV160/200 DC/DC

EV160/200 DC/DC 的位置和结构如图 3-53 所示。

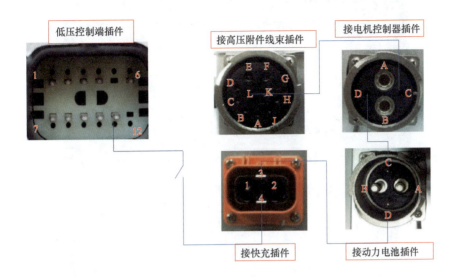

图 3-49 高压控制盒互锁接线

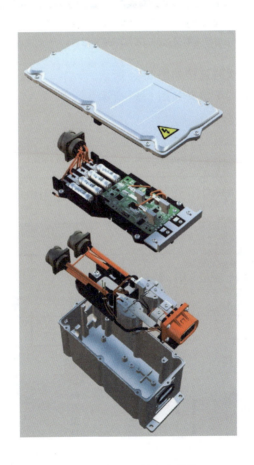

图 3-50 高压控制盒的内部结构（1）

1—四个熔断器；2—PTC控制器；3—快充接触器（继电器）

图 3-51 高压控制盒的内部结构（2）

1—PTC熔断器；2—空调压缩机熔断器；3—DC/DC熔断器；4—车载充电器熔断器；5—开盖保护

EV160/200 DC/DC 的线路连接如图 3-54 所示。

EV160/200 DC/DC 的端子定义如图 3-55 所示。

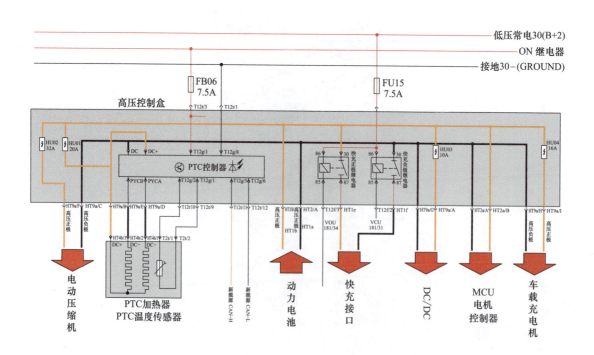

图 3-52 高压控制盒的电路

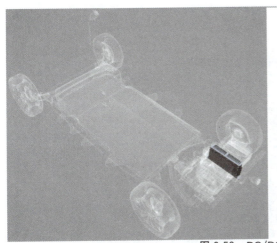
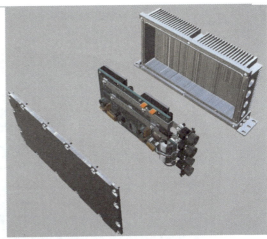

图 3-53 DC/DC 的位置和结构

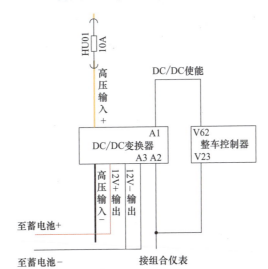

图 3-54 EV160/200 DC/DC 的线路连接

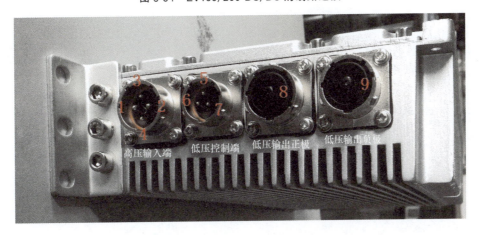

图 3-55 EV160/200 DC/DC 的端子定义

1—高压输入端，电源正极；2—高压输入端，电源负极；3,4—高压互锁短接端子；5—低压控制端，控制电路电源正兼使能（直流 12V 启动，0~1V 关机）；6—电源状态信号输出（故障线，故障为 12V 高电平；正常为低电平）；7—控制电路电源；8—低压输出正极；9—低压输出负极

EV160/200 的仪表功能显示如图 3-56 所示。

图 3-56　EV160/200 的仪表功能显示

1—驱动电机功率表；2—前雾灯；3—示廓灯；4—安全气囊指示灯；5—ABS 指示灯；6—后雾灯；7—远光灯；8—跛行指示灯；9—蓄电池故障指示灯；10—电机及控制器过热指示灯；11—动力电池故障指示灯；12—动力电池断开指示灯；13—系统故障灯；14—充电提醒灯；15—EPS 故障指示灯；16—安全带未系指示灯；17—制动故障指示灯；18—防盗灯；19—充电线连接指示灯；20-手刹指示灯；21—门开指示灯；22—车速表；23,25—左/右转向指示灯；24—READY 指示灯；26—REMOTE 指示灯；27—室外温度提示

第四章 混合动力电动汽车结构与原理

随着全球汽车工业的迅猛发展、石油资源供应的日趋紧张,世界各国致力于新型环保节能汽车的开发,从而能够寻找到代用燃料,或者是使燃油的消耗量得以有效降低。因其低油耗、低排放、高性价比的优势,人们对混合动力汽车的关注度也越来越高。混合动力汽车将存在一个较长的历史时期,并且在21世纪的运载车辆中占有重要的地位。

第一节 混合动力电动汽车概述

一、混合动力汽车的定义及特点

(一)混合动力汽车的基本概念

所谓的混合动力汽车是指携带不同动力源,且汽车在不同的动力源使用方面可以根据其具体行驶情况来进行选择。动力传动系统体现了传统汽车与混合动力汽车的最大差别,一般动力源和能量储存系统至少要有两个,这是必须要满足的。混合动力电动汽车,英文名为Hybrid Electric Vehicle,简写为"HEV"。

混合动力汽车是一种特别的车型,介于内燃机汽车和电动汽车之间,它是一种内燃机汽车向EV过渡型的车辆,同时也是一种"独立"型车辆。

混合动力汽车是采用传统内燃机(汽油机、柴油机)和电动机作为动力源而设计的车辆。通过在混合动力汽车上使用电机,使得动力系统可以按照整车的实际工况要求灵活调控,而发动机保持在综合性能最佳的区域内工作,这样通过热能和电力两套系统开动的汽车,从而达到节省燃油和降低排气污染的目的,以求得最终解除能源危机和净化环境的目的(也有的发动机经过改造使用压缩天然气、丙烷和乙醇燃料等为替代品的燃料发动机),如图4-1所示为比亚迪秦混合动力新能源汽车。

混合动力汽车使用汽油驱动和电力驱动两种驱动方式,优点在于车辆启动、停止时,只靠发电机带动,不达到一定速度时,发动机就不工作。因此,便能使发动机一直保持在

图 4-1 比亚迪秦混合动力新能源汽车

最佳工况状态,动力性好,排放量低,而且电能的来源都是发动机,只需加油即可。如图 4-2 所示,比亚迪秦自带一套充电设备,一头插入车尾部,另一头即可插入普通家用 220V 电源插座即可。

图 4-2 比亚迪秦的充电设备及充电插孔

混合动力汽车的关键是混合动力系统,它的性能直接关系到混合动力汽车整体性能。经过多年的发展,混合动力系统总成已从原来的发动机与电动机分离的结构向发动机电机和变速箱一体化结构设计发展,即集成化混合动力总成系统。

混合动力汽车是传统内燃机汽车的替代和延伸,并继承和沿用了大部分内燃机汽车的传动系统,如保留了内燃机汽车的操纵装置,包括发动机控制装置的加速踏板、制动踏板、离合器或自动离合器、变速器总成的操纵装置等。由这些操纵装置发出控制信号,通过中央控制器和各种控制模块,向内燃机的驱动系统或电动机驱动系统发出单独驱动指令或混合驱动指令,来获得不同的驱动模式,按照驾驶人的意图,实现混合动力汽车的启动、行驶、加速、爬坡、减速、倒车和制动时驱动模式转换的控制。

(二)混合动力汽车的特点

驾驶混合动力汽车的驾驶员,要充分地发挥混合动力汽车的混合动力才能发挥混合动力汽车的优势。混合动力是指,在汽车启动以及低挡运转时,不使用内燃机,而使用电机驱动汽车,当车速行驶至时速 30km/h 以上,切换至内燃机驱动,这样就可以达到节省燃料的目的。因为,内燃机在低转速的时候工作,产生的扭矩效率最低,也就是说汽车在刚启动,三挡之前或时速 30km/h 之前,输出的扭矩效率最低,而耗油高,燃烧不充分。

1. 混合动力汽车的优点

① 和传统汽油车一样要到加油站加燃油，不用改变汽车的使用习惯；政府和企业推广这种产品也无需投资新建充电装置或加气站，利用内燃机即可充电。

② 动力性能优于同排量的单纯内燃机汽车，特别是在起步加速时，混合动力汽车的电动机，可以有效地弥补内燃机低转速扭矩驱动力不足的弱点。

③ 混合动力汽车的电机驱动，可以减少驾驶舱内的机械噪声。

④ 以比亚迪秦这款车为例，与同等排量的普通汽车相比，一般百公里油耗约5L，大大少于目前普通汽车的油耗。专家认为，如果混合动力匹配得好，可以节省燃油50%以上。

⑤ 尾气排放下降80%。由于在时速低于50km或怠速状态下，电脑会自动辨识路况后，使发动机停止工作，大大减少汽车尾气的排放。

2. 混合动力汽车的缺点

① 电动机和内燃机，两套动力系统的造价远比一套动力系统的成本要高。

② 因为混合动力汽车燃油消耗上的优势，主要依靠车辆运动的势能积蓄电力节能，这样一来，一台汽车配有内燃机和电机，这样的两台动力引擎，同时还有一个大容量的蓄电池组。当汽车减速或制动点刹时，电动机反挂在齿轮上，制动力反转带动齿轮转动进行发电，以供低挡启动时用电。换句话说，混合动力汽车在行驶中越是频繁制动减速或频繁地起步停车，就会相对更为节能。而如果处于长时间匀速行驶，其节能效果就会相应降低。

根据我国现在的交通道路状况和城市的车流量状况分析，混合动力车特别适合大城市交通普遍拥堵、汽车频繁制动的国情，节能治污的效果可以发挥到极致。

二、混合动力汽车基本特征

与传统汽车相比较，混合动力汽车在有些系统或部件上根据混合动力汽车运行需要，做了改进或升级，主要表现在：与纯电动汽车相同的是，混合动力汽车采用DC/DC转换器来替代原有12V发电机；采用电动驱动压缩机来替代皮带驱动压缩机，以及有的车辆采用PTC电加热来实现空调的暖风功能。

与传统内燃机汽车相比，混合动力汽车在以下三个方面做出了升级提高。

1. 内燃机的升级变化

混合动力汽车的内燃机排量较小，同时由于大多数混合动力汽车取消了12V发电机、曲轴皮带驱动压缩机等部件，因此会简化辅助装置的皮带传动机构，主要的表现是不再需要通过曲轴皮带来驱动压缩机和12V发电机了。混合动力汽车通常采用电动空调压缩机或电子水泵，在曲轴上的皮带轮仍会保留，仅作为减振器用，如图4-3所示的丰田普锐斯内燃机曲轴皮带驱动部件明显减少了，仅保留一个发动机水泵和惰轮。

此外，对于一些插电式混合动力汽车，由于内燃机可能很少运行，因此还设计有独立的封闭式燃油炭罐系统，利用很大的炭罐来吸收燃油箱内的蒸发燃油气体。当需要继续添加燃油时，混合动力控制系统会首先释放系统封闭的燃油蒸汽压力，然后才执行燃油箱盖的打开和允许添加燃油指令。如图4-4所示的为通用沃蓝达混合动力汽车上的一个大炭罐。

2. 转向系统的升级变化

由于混合动力汽车的内燃机可能偶尔会停止运转，因此内燃机将不能正确驱动一个液压转向助力系统的液压泵。目前，几乎所有的混合动力汽车上都使用了电动机械式转向系统，如图4-5所示。该系统的电机直接从车辆电源系统获取电能，无论内燃机是否运转，电机均能提供转向助力。

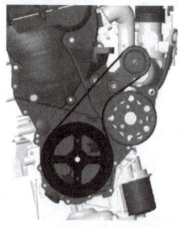

图4-3 丰田普锐斯内燃机曲轴皮带

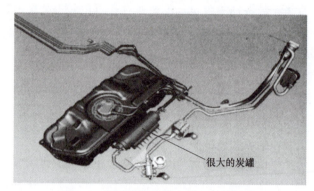

图4-4 沃蓝达插电混合动力燃油炭罐

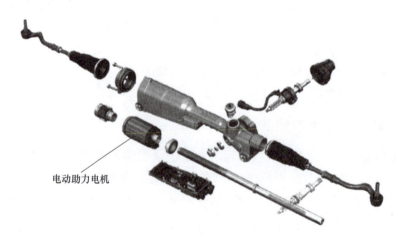

图4-5 电动机械式转向系统

3. 制动系统的升级变化

混合动力汽车通常会设计有电动真空泵（图4-6），无论内燃机是否关闭，该电动真空泵均能为带有真空制动助力器的制动系统提供足够的真空，保证了混合动力汽车的制动安全。

图4-6 混合动力汽车电动真空泵

有些混合动力汽车不再设计有真空助力系统的制动系统，改用电控液压制动系统。该系统的特点是驾驶员踩下制动踏板不再是直接将机械力传递到制动主缸，而制动踏板是一个传感器，传感器将信号先传递给制动系统模块，该模块根据制动需求，驱动液压制动系统的制动压力实现制动。普锐斯液压制动主缸结构示意图如图4-7所示。

该系统的最大优点是可以无缝配合混合动力的制动能量回收控制。

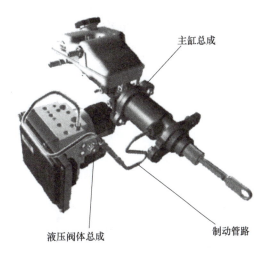

图 4-7 电控液压制动主缸与制动模块

三、混合动力汽车的基本结构

混合动力汽车的结构较为复杂，它具有传统汽车与纯电动汽车的双重部件。如图4-8所示，混合动力汽车配置有内燃机、动力电池、动力驱动单元、DC/DC转换器，如果是插电式混合动力汽车还配置有车载充电器等。

图 4-8 混合动力汽车基本结构

由于动力电池、DC/DC转换器等部件与纯电动汽车在结构原理上并无区别，但是动力驱动单元的设计却是混合动力汽车的中心，既是车辆混合动力驱动形式的反映，也是一辆混合动力汽车技术性能的重要表现。

在混合动力的车型中，中度、重度混合动力其内部在传统内燃汽车基础上主要增加有高压动力电池组和改进的变速驱动单元，并为特定车辆需求增加一些其他附属部件。

四、混合动力电动汽车的类型

汽车行业标准 QC/T 837—2010《混合动力电动汽车类型》对于混合动力电动汽车的类型进行了严格划分。

1. 按照动力系统结构形式划分

（1）串联式混合动力电动汽车 车辆行驶系统的驱动力只来源于电机的混合动力电动汽车，如图4-9所示。

典型的结构特点是发动机带动发电机发电，电能通过电机控制器输送给电机，由电机驱动车辆行驶。另外，动力蓄电池可以单独向电机提供电能驱动车辆行驶。

（2）并联式混合动力电动汽车　车辆行驶系统的驱动力由电机及发动机同时或单独供给的混合动力电动汽车，如图 4-10 所示。

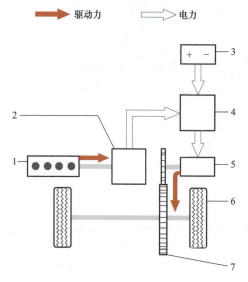

图 4-9　串联式混合动力系统

1—发动机；2—发电机；3—动力蓄电池；
4—变压器；5—电动机；6—驱动轮；7—减速器

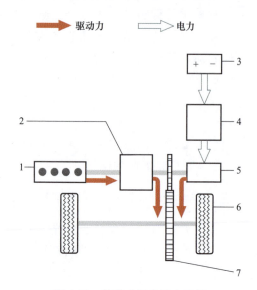

图 4-10　并联式混合动力系统

1—发动机；2—变速器；3—动力蓄电池；4—变压器；
5—电动机/发电机；6—驱动轮；7—减速器

典型的结构特点是并联式驱动系统可以单独使用发动机或电机作为动力源，也可以同时使用电机和发动机作为动力源驱动车辆行驶。

（3）混联式混合动力电动汽车　具备串联式和并联式两种混合动力系统结构的混合动力电动汽车，如图 4-11 所示。

典型的结构特点是既可以在串联混合模式下工作，也可以在并联混合模式下工作，同时兼顾了串联式和并联式混合动力电动汽车的特点。

三种不同动力系统结构的混合动车电动车综合对比见表 4-1。

2. 按照混合度划分

（1）微混合型混合动力电动汽车　以发动机为主要动力源，电机作为辅助动力，具备制动能量回收功能的混合动力电动汽车。电机的峰值功率和总功率的比值小于 10%。

仅具有停车怠速停机功能的汽车也可称为微混合型混合动力电动汽车。

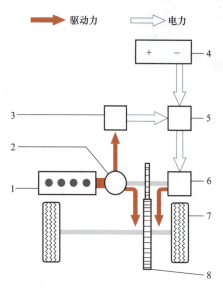

图 4-11　混联式混合动力系统

1—发动机；2—动力分离装置；3—发电机；
4—动力蓄电池；5—变压器；6—电动机；
7—驱动轮；8—减速器

（2）轻度混合型混合动力电动汽车　以发动机为主要动力源，电机作为辅助动力，在车辆加速和爬坡时,电机可向车辆行驶系统提供辅助驱动力矩的混合动力电动汽车。一般情况下,电机的峰值功率和总功率的比值大于10%。

表4-1 三种不同动力系统结构的混合动车电动车综合对比

结构模式		串联式	并联式	混联式
动力总成		发动机、发电机、驱动电机三大部件总成	发动机、电动机/发电机两大部件	发动机、电动机/发电机、驱动电机三大部件
发动机	选择范围	发动机的选择有多种样式	发动机一般为传统内燃机	发动机的选择有多种形式
	发动机功率	发动机功率较大	发动机功率较小	发动机功率较小
	发动机的排放	发动机工作稳定、排气较好	发动机工况变化大、排气较差	发动机排放介于串联与并联之间
传动系统	驱动模式	电动机是唯一的驱动动力	发动机、电动机都是驱动动力	发动机、电动机都是驱动动力
	传动效率	能量转换效率低	发动机传动系统传动效率较高	发动机传动系统传动效率较高
	制动能量回收	能够实现制动能量回收	按结构不同,其中有个别不能回收制动能量	能够实现制动能量回收
整车总布置		三大部件总成之间没有机械连接装置,结构布置的自由度大,但为保证整车动力性要求,各总成功率较大,质量较大	发动机驱动系统保持机械式传动系统,发动机和电动机两大动力总成之间被不同的机械装置连接起来,结构复杂,使布置受到一定限制	三大动力总成之间采用机械式传动系统,三大动力总成的质量、尺寸都较小,能够在小型车辆上布置,但结构更加复杂,要求布置更加紧凑
适用条件		适用于大型客车或货车,更加适应在路况较复杂的城市道路和普通公路上行驶	适用于小型汽车,更加适应在城市道路和高速公路上行驶	适用于各种类型的汽车,适应在各种道路上行驶,性能更加接近普通的内燃机汽车
成本造价		三大动力总成的功率较大,质量较大,因此制造成本较高	只有两大动力总成,功率均较小,质量较小,电动机/发电机具有双重功能,还可以通过普通内燃机汽车改造而成,制造成本较低	虽然有三大动力总成,但三大动力总成的功率较小,质量较小,需要采用复杂的控制系统,制造成本较高

(3)重度混合(强混合)型混合动力电动汽车 以发动机和/或电机为动力源,一般情况下,电机的峰值功率和总功率的比值大于30%,且电机可以独立驱动车辆正常行驶的混合动力电动汽车。

3. 按照外接充电能力划分

(1)外接充电型混合动力电动汽车 一种被设计成在正常使用情况下可从非车载装置中获取电能量的混合动力电动汽车。

仅当制造厂在其提供的使用说明书中或者以其他明确的方式推荐或要求进行车外充电时,混合动力汽车方可认为是"外接充电型"的。仅用作不定期的储能装置电量调节或维护目的而非用作常规的车外能量补充,即使有车外充电能力,也不认为是"外接充电型"的车辆。

插电式(plug-in)混合动力电动汽车属于此类型。

（2）非外接充电型混合动力电动汽车　一种被设计成在正常使用情况下从车载燃料中获取全部能量的混合动力电动汽车。

4. 按照行驶模式的选择方式划分

（1）有手动选择功能的混合动力电动汽车　具备行驶模式手动选择功能的混合动力电动汽车。车辆可选择的行驶模式包括发动机模式、纯电动模式和混合动力模式三种。

（2）无手动选择功能的混合动力电动汽车　不具备行驶模式手动选择功能的混合动力电动汽车。车辆的行驶模式根据不同工况自动切换。

混合动力电动汽车按照其技术特征、燃料类型、功能结构和车辆用途等因素还可有其他划分形式。

第二节　混合动力汽车的结构组成

发动机总成、电动机总成、电池组为混合动力汽车的三大总成件，相应的还有驱动电机控制器及DC总成、高压配电箱、高压电池管理器、漏电传感器、车载充电器等组件，如图4-12所示。

图4-12　混合动力汽车总成结构

一、发动机总成

发动机总成是通过将燃料燃烧产生的热能转变成机械能，产生动力驱动发电机发电或驱动汽车行驶的动力源。

比亚迪秦（BYD476ZQA-2）搭载的发动机采用废气涡轮增压、缸内直接喷射、液压挺柱、全铝机体、进气VVT等先进技术，具有升功率大、低油耗、低噪声、低污染、结构紧凑等特点。在各种工况下，BYD476ZQA-2发动机均可在最佳状态下工作，可以保证其搭载的整车具有可靠的安全性、最佳的经济性和完美的环保性能，如图4-13所示。

图 4-13 比亚迪秦发动机、电动机及控制器总成

二、电动机总成

电动机总成承担着将电能转变成动能驱动汽车行驶的功能,是除燃油发动机之外的另一个驱动车辆行驶的动力装置;同时,在一定的条件下它又能向动力电池进行充电。

BYD-TYC110A 永磁同步电机,此驱动电机集成于变速器总成之内,安装于变速器的上方,如图 4-14 所示,为比亚迪秦的驱动电机。此电动机由外圈的定子与内圈的转子组成,是汽车的动力源之一,向外输出扭矩,驱动汽车前进或后退;同时也可以作为发电机发电。例如,在车辆滑行、刹车制动过程中以及发动机输出的额外扭矩的势能或者动能通过电机转化成动能存储。电动机额定功率为 40kW,最大输出功率可以提升至 110kW,并通过增加电动机扭矩最大达 250N·m,实现了小型化和轻量化的设计、高效率、高可靠性、高适应性的交流永磁同步电机。

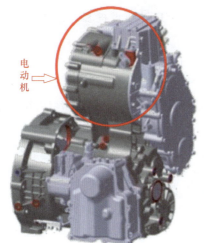

图 4-14 BYD-TYC110A 永磁同步电机

三、电池系统

混合动力汽车具有两套蓄电池系统：一套 12V 直流蓄电池，它主要是为车上常规的用电器提供电压；另一套是电压更高的直流蓄电池系统，它经过 DC/DC 转换器将直流转换后给电机提供交流电能，同时它还将存储电机发电所产生并经 DC/DC 转换器转换后的直流电。高压直流蓄电池系统储电量和电压随混合动力系统的要求而变化。混合动力汽车的高压直流蓄电池从 36V 到 600V 以上不等，所有混合动力设计采用串联连接的蓄电池均是为了获取所需的直流电源电压。

1. 动力电池组件

新能源动力电池采用高功率镍氢电池，可为电动机和发电机提供最佳电力。比亚迪秦的动力电池包安装在后排座椅与行李舱之间，如图 4-15 所示。动力电池包分 10 个模组，通过动力电池串联线串联为一体，共计 152 节单体；每个单体 3.3V，电池包标称电压 501.6V，标称容量为 26A·h。

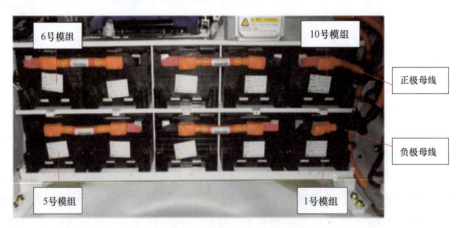

图 4-15 比亚迪秦动力电池组

2. 低压启动电池

低压启动电池与普通铅酸蓄电池相比，增加了一个启动正极桩和一个通信口，安装在动力电池组左上方，如图 4-16 所示。

① 低压启动电池有三个带标识的极桩，大的是启动正极桩，周围标有"＋"号；小的是低压正极桩，标有"＋"号；另一个是共用的负极桩"－"。

② 启动正极桩通过线束连接到启动机正极，并在车辆发动机启动过程中此路接通，低压启动电池放电形成回路启动车辆。

③ 低压正极桩开始时是整车负载的供电电源，同时并联在 DC 和发电机正极输出端上，一般情况下车辆使用以上两个供电电源在给启动电池充电工况，只有输出不足时参与整车负载供电，此极桩回路线束中电流通过能力有限，严禁使用此极桩跨接过电启动发动机。

④ 低压启动电池内部包含电池管理器，其通过通信口和整车模块交互信息。

⑤ 低压启动电池电压低时，启动智能充电功能，通过 DC 转换高压电为低压电，为启动电池充电，当无法有效进入智能充电状态，低压电池进入休眠状态，DC 极桩内 MOS 管断开，DC 极桩无电压输出，此时可在有效关闭前机舱盖、后行李箱舱盖及 4 个车门状态

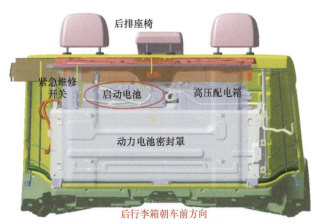

图 4-16　电压蓄电池安装位置

下，按左前门微动开关进行唤醒。

四、驱动电机控制器及 DC 总成

在混合动力驱动上普遍采用以计算机为核心的现代计算机技术和自动控制技术，各种智能控制系统的应用，使得混合动力汽车更加安全、节能、环保和舒适。

该总成由驱动电机控制器和 DC/DC 两个高压零部件集成一体安装在发动机舱左侧，如图 4-17 所示。

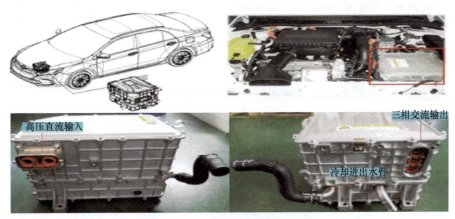

图 4-17　驱动电机控制器及 DC 总成

1. 驱动电机控制器

① 作为动力系统的总控制中心，负责驱动电机的运行，根据工况控制电机的正反转、功率、扭矩、转速等；协调发动机管理系统工作，使混合动力汽车的动力性能，能够达到或接近现代内燃机的水平，逐步实现混合动力汽车的实用化。

② 硬件采集电机的旋变、温度、制动、油门踏板开关信号。

③ 通过 CAN 通信采集刹车深度、挡位信号、驻车开关信号、启动命令、电池管理控制器相关数据、控制器的故障信息。

④ 内部处理的信号有直流侧母线电压、交流侧三相电流、IGBT 温度、电机的三相绕组阻值。

2. DC/DC 转换器

① 纯电模式下，发动机停止运转。DC 的功能替代了传统燃油车挂接在发动机上的 12V 发电机，和蓄电池并联给各用电器提供电源。DC 在高压（500V）输入端接触器吸合后便开始工作，输出电压标称 13.5V，并为低压蓄电池补充电。

② 在特殊情况下，把发动机的发电量或低压蓄电池的电压经过 DC 升压转换成 500V 直流电给动力电池包充电，即将低压直流转变为高压直流。

五、高压配电箱

混合动力汽车的高压配电箱，安装在行李舱电池包支架右上方，如图 4-18 所示。其作用是将电池包的高压直流电分配给整车高压电器使用，其上游是电池包，下游包括驱动电机控制器及 DC 总成、PTC 水加热器、电动压缩机、漏电传感器；也将车载充电器的高压直流电分配给电池包。

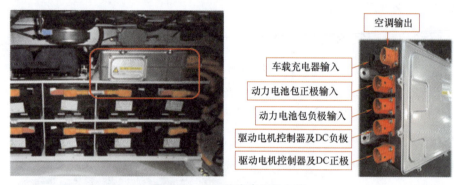

图 4-18　比亚迪秦高压配电箱

六、高压电池管理器

高压电池管理器，简称高压 BMS，安装在行李舱右 C 柱内板后段，如图 4-19 所示。BMS 的主要功能是总电压监测、总电流监测、SOC 计算、充放电管理、接触器控制、功率控制、电池异常状态报警和保护、漏电报警、碰撞保护、自检以及通信功能等。

分布式电池管理系统，由 10 个电池信息采集器（简称 BIC）和 1 个电池管理控制器（简称 BMS）组成；各 BIC 采集对应模组的电压、温度等信息后通过 CAN 线转给 BMS，即 BMS 是电池管理系统的中央控制单元。

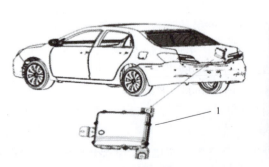 

图 4-19　比亚迪秦高压电池管理器

七、漏电传感器

漏电传感器位于车身后围搁物板前加强横梁上,如图 4-20 所示。

漏电传感器用于对电动汽车直流动力电源母线与其外壳、车身底盘之间的绝缘阻抗进行检测,通常检测与动力电池输出相连接的负母线与车身底盘之间的绝缘电阻,来判断动力电池包的漏电程度。当动力电池包漏电时,传感器发出一个信号给电池管理控制器,电池管理控制器接到漏电信号后,进行相关保护操作并报警,防止动力电池包的高压外泄,造成人或者是物品的伤害和损失。

漏电传感器主要监测与动力电池输出相连的负母线与车身底盘之间的绝缘电阻:动力电池的负极-车身绝缘阻值小于或等于 100~120kΩ,为一般漏电;若绝缘阻值小于或等于 20kΩ,为严重漏电。

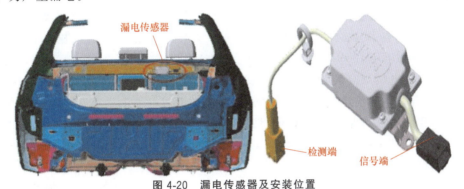

图 4-20 漏电传感器及安装位置

八、车载充电器

车载充电器,简称 OBC,安装在后行李舱右后位置,如图 4-21 所示。其功用是将交流充电口传递过来的交流电源转换为直流高压电为动力电池充电,同时在充电过程中给低压铁电池进行补充电。

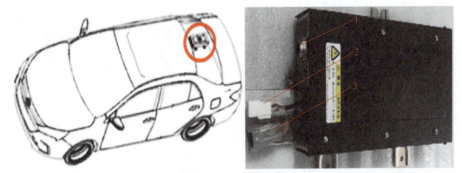

图 4-21 车载充电器

1—220V 交流输出;2—低压插接件;3—高压直流输出

充电控制原理:交流充电连接装置与车载充电器总成连接无误后,车载充电器总成控制交流充电连接装置输出 220V 交流电并控制交流充电及 OFF 挡充电继电器吸合,通过交流充电及 OFF 挡充电继电器给电池管理控制器及高压配电箱提供低压电源;同时车载充电器总成与电池管理控制器进行通信,在充电允许的情况下,电池管理控制器控制交流充电接触器及负极接触器吸合;车载充电器检测到动力电池包的反灌电压后输出充电电压进行充电。

第三节 典型混合动力电动汽车车型实例

一、比亚迪秦插电式混合动力电动汽车

比亚迪秦采用了双擎双模即 DMⅡ代技术,其是在比亚迪第一款双模电动车 F3DM 的 DMⅠ代技术上全面整合,提升关键部件性能的基础上研发而成,如图 4-22 和图 4-23 所示。所谓双擎,即动力总成采用并联模式。DM 即 Dual Mode,意思是纯电动(EV)以及混合动力(HEV)两种驱动模式。DMⅠ采用的是 1.0L 自然吸气发动机,单挡减速器,双电机,系统标称电压 330V;DMⅡ采用的是 1.5L 涡轮增压(Ti)缸内直喷发动机,6 挡 DCT 变速箱,单电机(高转速电机),26A·h 容量的电池组合,高压系统电压提升至 500V。相比 DMⅠ,比亚迪秦具有以下特点:整车性能对电池依赖小,增加了 6 挡双离合变速箱(DCT),对发动机工作区域调节能力更强;高转速电机、高电压方案,效率更优;动力性更强,0 到 100km/h 加速时间为 5.9s,油耗 1.6L/100km;高压系统即使损坏,车辆仍能正常行驶,因此比亚迪秦具有"快、省、绿"的特点。

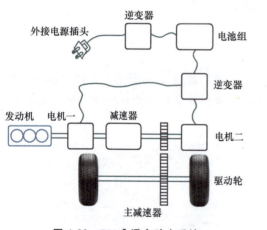

图 4-22 DMⅠ混合动力系统

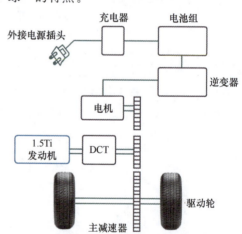

图 4-23 DMⅡ混合动力系统

在混合动力模式下,秦能爆发出 479N·m 的总扭矩和 217kW 的总功率,最高车速超过 185km/h。秦在纯电动模式下行驶,电动机单独带动车辆行驶,续航里程可达到 70km。当电池电量较低或动力需求较大时,整车模式自动或手动切换至 HEV 模式。同时在所有模式中,秦还能进行制动能量回馈,即电机向电池返充电,每 100km 约回馈 2.5~3 度电,可多行驶接近 15km。由于发动机总成的分情境介入工作模式,因此秦的 100km 油耗仅为 1.6L。除了两种模式外,秦还有经济性和运动性两种不同的驾驶形式,分别有 EV+ECO、EV+SPORT、HEV+ECO、HEV+SPORT 四种驾驶搭配方式,如图 4-24 所示,可以根据个人喜好不同享受独特驾乘体验。

配置方面，比亚迪秦选择的是高配置路线，Keyless 智能钥匙系统、遥控驾驶等配置是全系标配；安全装备上，搭载有 360°全景影像、TPMS 胎压监测系统、EPB 电子驻车系统、ISO-FIX 标准儿童座椅固定装置、ESP 车辆稳态控制系统、CDP 减速度驻车制动控制系统以及 12 个安全气囊。

图 4-24 两种模式和两种驾驶形式

（一）DM Ⅱ 混合动力系统的工作模式

1. "EV"——纯电动工作模式

与 DM Ⅰ 代相同，纯电动工作模式下，动力电池提供电能，供电机驱动车辆，可以满足各种工况行驶，如起步、倒车、怠速、急加速、匀速行驶等。如图 4-25 所示。

2. "HEV"——稳速发电工作模式

当电量不足时，系统从 EV 模式自行切换到 HEV 模式，使用发动机驱动，在车辆以较稳定的速度行驶时，发动机输出的一部分扭矩会驱动电机进行发电，对动力电池进行充电。如图 4-26 所示。

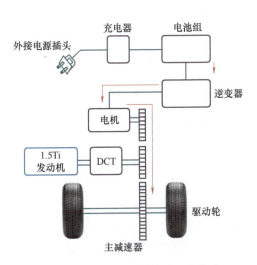

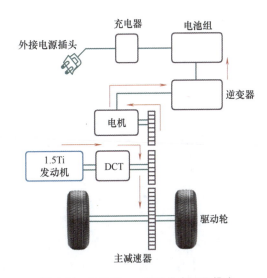

图 4-25 "EV"——纯电动工作模式　　图 4-26 "HEV"——稳速发电工作模式

3. "HEV"——混合动力工作模式

当用户从 EV 模式切换到 HEV 模式后，车辆由发动机和电机共同驱动，实现了最佳的动力性，但仍能保证混合动力系统具有良好的经济性。如图 4-27 所示。

4. "HEV"——燃油驱动工作模式

当电量不足或高压系统故障时，可单独使用发动机驱动，实现了高压系统的独立性。如图 4-28 所示。

5. 能量回馈工作模式

与 DM Ⅰ 代一样，DM Ⅱ 代在车辆减速时，电机将车辆需要降低的动能转化为电能储

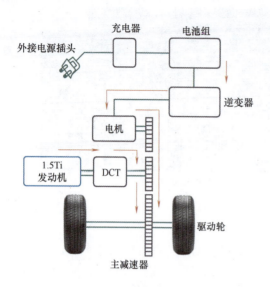

图 4-27 "HEV"——混合动力工作模式

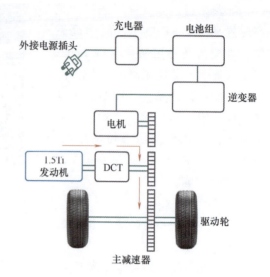

图 4-28 "HEV"——燃油驱动工作模式

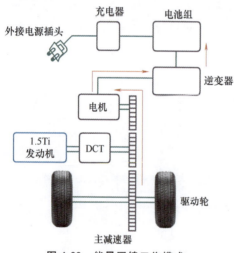

图 4-29 能量回馈工作模式

存在动力电池内,但 DM Ⅱ 代的回馈效率比 DM Ⅰ 代更高。如图 4-29 所示。

(二)系统工作模式的切换

1. "EV-ECO"

EV 按钮上的指示灯(绿色)亮表示在 EV 模式,MODE 旋钮逆时针旋转,进入到 ECO(经济)模式,在保证动力的情况下,最大限度节约电量。

2. "EV-SPORT"

将 MODE 旋钮顺时针旋转,进入到 SPORT(运动)模式,将保证较好的动力性能。

3. "HEV-ECO"

HEV 按钮上的指示灯(绿色)亮表示在 HEV 模式,MODE 旋钮逆时针旋转,进入到 ECO 模式,此时为了保证较好的经济性:①当电量大于 20% 时,将不会启动发动机;②电量低于 20% 时将自动启动发动机充电;③直到 SOC 达到 40% 时,发动机自动停机。此后将一直按照①—②—③—①模式循环。

4. "HEV-SPORT"

MODE 旋钮顺时针旋转,进入到 SPORT(运动)模式,发动机会一直工作,来保持最充沛的动力。

5. EV 自动切换为 HEV

① $SOC \leqslant 5\%$;BMS 允许放电功率 $\leqslant 15kW$;坡度 $\geqslant 15\%$。

② EV 切换到 HEV 后,不再自动切换 EV,之后发动机工作按 HEV 策略进行。

③ $SOC \geqslant 75\%$ 时,重新上电后切换到 EV 模式。

(三) 变速器的换挡杆

变速器的换挡杆有三个挡位：前进挡 D、倒挡 R、空挡 N，此车型未设置 P 挡位，如图 4-30 所示。挡位指示位于挡位杆手柄盖板上。

① 前进挡 D：在换挡之前，先踩制动踏板，否则挡位选择无效。

② 倒挡 R：在选择挡位前，确保车辆处于静止状态，然后踩下制动踏板，轻轻压下手柄，再挂挡。

③ 空挡：在选择空挡之前，确保车辆处于静止状态。

图 4-30 换挡杆

(四) 比亚迪秦整车能量传递路线

比亚迪秦插电式混合动力电动汽车整车能量传递路线如图 4-31 所示。

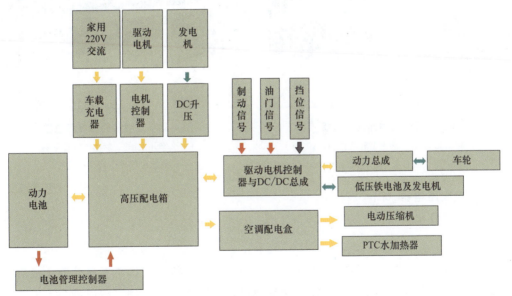

图 4-31 比亚迪秦整车能量传递路线

(五) 比亚迪秦插电式混合动力电动汽车高压电器

1. 比亚迪秦整车高压电器分布情况

比亚迪秦高压电器主要包括：动力电池包、高压线、维修开关、高压配电箱、漏电传感器、分布式电池管理系统、驱动电机控制器与DC/DC总成和充电系统等。

比亚迪秦整车高压电器分布如图4-32所示。

图4-32 比亚迪秦整车高压电器分布

2. 行李箱内部高压电器（图4-33）
3. 驾驶室内部高压电器（图4-34）

图4-33 行李箱内部高压电器
1—高压配电箱；2—电池管理控制器；
3—动力电池包总成；4—车载充电机

图4-34 驾驶室内部高压电器
1—维修开关；2—驱动电机控制器
直流母线及空调高压线

4. 底盘高压电器（图4-35）
5. 前舱高压电器（图4-36）

（六）比亚迪秦的启停系统

比亚迪秦的启停系统，是比亚迪自主研发的，能够在特定的状态下自动停止或启动发动机的系统。当车辆停止并且发动机处于怠速时，车辆不需要发动机输出动力，但为了维持发动机正常运转依然在消耗燃油。如车辆在遇到红灯停车或车辆处于原地怠速时，发动机运行工况下所消耗的燃油并非用于驱动车辆。而启停功能将根据整车信号，判断出当前车辆所处工况及驾驶员的需求，来对发动机进行控制，使消耗的燃油尽可能用于驱动车辆。当ECM判断驾驶员需求停车并停留时，会主动关闭发动机，当判断驾驶员需求继续行驶时，又会主动控制发动机快速启动。初次启动发动机必须由点火开关进行，在驾驶员未主动关闭发动机操作的情况下，ECM需根据整车工况判断是否进行启停。为保证系统的安全性，系统需要对各安全相关信号进行全面的检测。同时加入启停开关，可以随用户的喜好选择开启或关闭此启停系统。整车第一次上电时，启停系统默认开启，当ECM检测到开关信号时将会变更启停系统的状态。同时ECM需记忆启停系统状态，当整车退电重新上电时，进入新的驾驶循环后需继续保持前一驾驶循环的状态。

启停系统是目前发展非常迅猛的汽车环保技术，特别适用于红绿灯较多、怠速工况频繁的城市路况，能充分体现节油效果，减少二氧化碳的排放。

图 4-35 底盘高压电器
1—驱动电机控制器母线及空调高压线

当车辆在停止并且发动机处于怠速时，车辆不需要发动机输出动力，但为了维持发动机正常运转依然在消耗燃油。增加启停系统后，会判断在满足条件的情况下自动熄火，同时在满足条件的情况下自动启动，从而节省了怠速过程中的油耗并减少排放。

图 4-36 前舱高压电器
1—空调配电盒、电动压缩机和PTC水加热器高压线；2—驱动电机；3—驱动电机控制器与DC/DC总成

为了实现启停功能，主要的零部件有：蓄电池及周边支架、起动机、线束、发动机控制单元、启停开关等。

（1）蓄电池总成及周边零部件　主要有蓄电池、蓄电池传感器、蓄电池安装支架、蓄电池隔热罩等零部件，如图4-37所示。

（2）组合仪表

① 启停有效指示灯 Ⓐ（绿色）：当启停系统自动停机后，启停有效指示灯会点亮，如图4-38所示。

图 4-37　蓄电池总成及周边零部件

② 启停失效指示灯 （白色）：当系统判断启停条件满足时，车辆停止后，启停失效指示灯会点亮，如图 4-39 所示。

图 4-38　启停有效指示灯 （绿色）

图 4-39　启停失效指示灯 （白色）

③ 文字提示：组合仪表显示屏针对系统工况会进行相关文字提示，如图 4-40 所示。

（3）启停主开关　为自动复位式开关，并有状态指示灯。启停系统打开，绿色指示灯亮；启停系统关闭，指示灯熄灭，如图 4-41 所示。

（4）发动机控制模块及电机电源模块　比亚迪 3 系及速锐 MT 车型的发动机控制模块布置没有变更，仅针对启停功能对硬件做了部件的调整。

比亚迪 3 系 DCT 车型蓄电池体积增大，电机电源模块位置也做出了调整，如图 4-42 所示。

（5）线束部分　发动机线束、前舱线束、仪表板线束、蓄电池负极线束变更。增加启停功能相关线路。

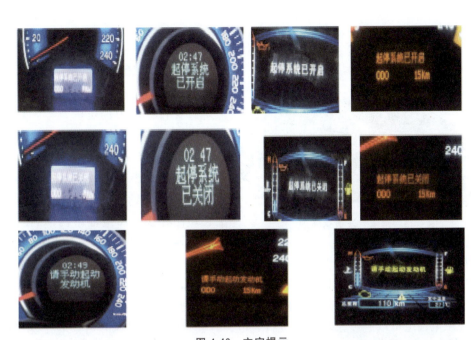

图 4-40 文字提示

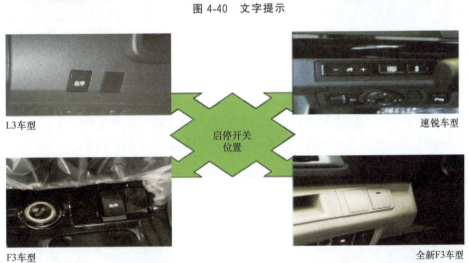

图 4-41 启停主开关

(a) DCT发动机ECU布置位置　　　(b) 电机电源模块布置位置

图 4-42 发动机控制模块

二、雪佛兰沃蓝达（串联式）

雪佛兰旗下新能源车型沃蓝达（图4-43）在2011年正式上市，同年底在广州车展亮相并进入中国市场。雪佛兰沃蓝达是一款具有远行程行驶能力的电动汽车，它与传统的高电压车辆有着明显的不同之处。传统高电压汽车可以使用电机驱动，也可以使用汽油发动机驱动，或使用两者共同来驱动汽车。而雪佛兰沃蓝达仅由电机驱动，它使用储存于高压电池组内部的高压电来驱动车辆。但是，如果出现电池电能不足，汽油发动机将开始驱动发电电机发电，为车辆提供动力。

图4-43 雪佛兰沃蓝达外观

雪佛兰沃蓝达仅使用电能驱动车辆。在电动模式下，车辆仅用高压电池作为动力来源，可驱动车辆行驶64km左右。行驶距离可能会因为驾驶习惯、环境温度、路况不同而有所区别。高压电池组可以通过家用电源进行充电。行驶里程达到64km后，增程模式将启动汽油发动机，以驱动发电电机发电，为车辆提供续航动力，但增程模式不会给高压电池组充电。雪佛兰沃蓝达最大可输出扭矩370N·m，且能够在9s内加速到96km/h，最高车速达161km/h。

雪佛兰沃蓝达配置的是4ET50全自动、前轮驱动无级电控变速器（图4-44），主要部件包括一个扭转减振器、一个集成式主辅油泵以及一套行星齿轮组。该变速器也包括离合器组件及液压控制系统。变速器内置两个功率三相交流电机，发电电机主要用作发电，可提供58kW的功率。驱动电机主要用作驱动车辆，可提供116kW的功率。

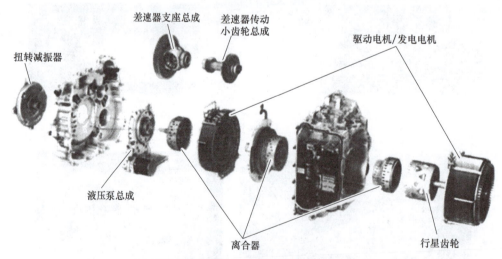

图4-44 雪佛兰沃蓝达主要总成结构

4ET50全自动、前轮驱动无级电控变速器主要有4种工作模式：E1、S、E2、LS。

在E1工作模式下，车辆运行所需的电能来自于高压电池组。此时C1工作，由驱动电机B提供动力，如图4-45所示。

在S工作模式下，车辆运行所需的电能来自发电电机A，此时发电电机A用于产生电

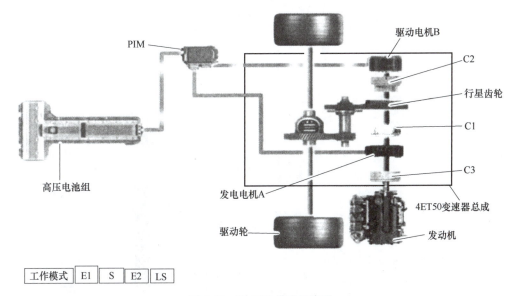

图 4-45 E1 工作模式示意图

能。在此模式下 C3 工作，它用于连接发动机与发电电机 A，同时 C1 处于工作状态，车辆由驱动电机 B 提供动力，如图 4-46 所示。

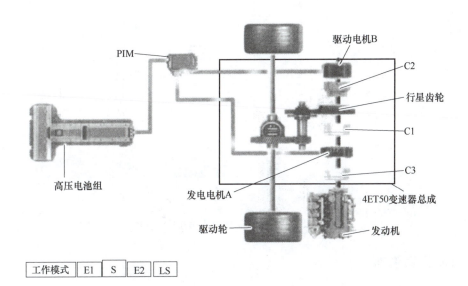

图 4-46 S 工作模式示意图

在 E2 工作模式下，设备运行所需的电能来自于高压电池组，此时离合器 C2 工作，两个主要电机均与行星齿轮相连，车辆由发电电机 A 和驱动电机 B 同时提供动力，如图 4-47 所示。

LS 工作模式出现在高压电池组电量极低的情况下，这种情况通常不易发生。C2、C3 处于工作状态。此时，发电机不仅能够驱动发电电机 A 给高压电池组提供充电，同时还用于驱动车辆，如图 4-48 所示。

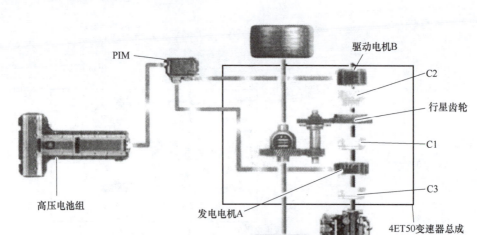

图 4-47　E2 工作模式示意图

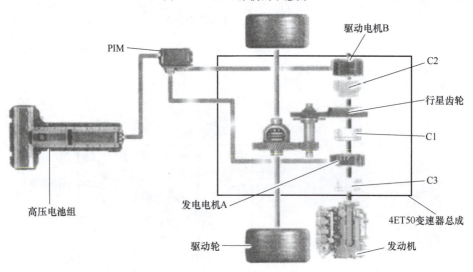

图 4-48　LS 工作模式示意图

三、丰田普锐斯

丰田旗下的油电混合动力汽车普锐斯 1997 年问世后，是世界上最早实现批量生产的混合动力电动汽车。2005 年，第二代普锐斯以进口车在我国上市，2006 年，在天津一汽丰田汽车实现国产。它装备了新一代丰田混合动力系统 THSⅡ，在此系统中丰田推出了 Hybrid Synergy Drive（HSD）。普锐斯最大的特点就是低油耗、低尾气排放、加速性良好、运行安静。

第二代普锐斯系统由两台电动机和一台发动机组成。发动机采用经过强化后的 INZ-FXE-1.5L、直列 4 缸、16 气门、阿特金森循环高压缩比的汽油发动机。发动机的尺寸更加紧凑，采用铝合金缸体减轻了发动机的质量，使得 INZ-FXE 汽油发动机的效率比传统发动机的效率高 80%。在汽车行驶速度低于 20km/h 时，发动机自动关闭；当电量不足时，发动机自行启动，对蓄电池进行充电，供应驱动电动机运行。两个电动机，其中一台驱动电动机是大功率永磁同步电动机，其8个永磁磁极对称排列，电动机的额定电压为500V，可以在恒转矩和恒功率的大范围内来调制它的输出特性，并提高电动机中等转速时的输出功率。采用500V高电压可以减少电能在传输过程中的损耗，在不增加电动机质量的前提下，提高电动机的功率以及整车的动力性能和经济性能。另一台电动机是一台小型的永磁交流同步电机，最高转速达10000r/min，在发动机启动时作为启动机使用，在发动机运转时作为发电机使用，相当于发动机的飞轮。

第二代普锐斯电池采用由40个模块串联组成的镍氢电池组，电池组总电压为288V，经过DC/DC电流变换器转换为500V电流，电流经过逆变器转换为三相交流电，供给ISG或驱动电动机。蓄电池的使用寿命可达到160000km以上，可以不需要从外部充电，直接由电动机进行充电。镍氢电池采用空气冷却系统来散热。

第二代普锐斯系统的两台电动机和一台发动机的连接方式为：其中的一台电动机与发动机直接相连，另外一台则没有直接连接发动机。第二代普锐斯系统最为关键的设计就是复合式行星齿轮变速箱。发动机和与其相连的电动机组合在一起形成一套驱动单元，另外一台电动机形成第二个驱动单元。这两套单元可由车载计算机灵活调配，通过变速箱对驱动轮传递动力。如图4-49所示。

图4-49 第二代普锐斯混合动力系统工作示意图

加速时，第一套动力单元通过变速箱向车轮传递动力；在纯电力模式下，第二套动力单元取代发动机和电动机，单独为车轮提供动力，此时发动机和与其相连的电动机均处于关闭状态。车辆减速时，HSD混合动力系统的电动机会转变为向电池组充电的发电机。

当电池组充满电后，发动机所产生的电能将会输往与发动机相连的电动机，电动机通过对发动机转速的干预来达到辅助车辆减速的目的。所以，在驾驶一辆丰田品牌的混合动力车时，并不需要对制动踏板过分敏感，电动机提供的减速度已经基本够用。只有在停车或遇上紧急情况时，车辆原本的制动系统才能派上用场。这套系统的诞生为由车载计算机控制的线控制动及油门系统提供了前提条件。

四、奥迪Q5

奥迪公司旗下的Q5是一款混合动力的SUV车型（图4-50），Q5的混合动力单元采用了2.0 L TFSI 4缸汽油发动机，最大功率为155kW，最大扭矩为350N·m；电动机功率为33kW，电动机扭矩为210N·m；混合系统功率为180kW，系统扭矩为480N·m。电动机安装在混合动力变速箱中，采用独立的低温冷却系统。

图4-50 奥迪Q5混合动力车型外观

第五章　其他新能源汽车简介

第一节　燃料电池电动汽车

燃料电池电动汽车（FCEV）简称为燃料电池汽车，其定义是以燃料电池系统作为动力源或主动力源的车辆，如图 5-1 所示。燃料电池用于车辆驱动，为能源问题和环境污染问题提供了一个有效的解决方案。随着燃料电池技术的不断发展，如何将燃料电池应用于车辆系统，解决它与车辆众多复杂子系统之间的匹配等问题随之出现。FCEV 与其他电动汽车的根本区别是所用的动力源以燃料电池为主，而对于电机驱动、传动机构以及汽车所需的各种辅助功能等基本相同。

图 5-1　车载燃料电池底盘实物

燃料电池汽车的结构有多种形式：按照驱动形式，可分为纯燃料电池驱动和混合驱动；按照燃料电池系统的能量来源，又可分为车载纯氢和燃料重整两种方式。由于燃料电池电动汽车正处在研究的初期阶段,所以各种技术竞相试用并各有优缺点。

一、燃料电池单独驱动汽车动力系统

燃料电池的种类不同和选配的辅助电池组种类不同,构成了动力路线的多样性。燃料电池单独驱动车型驱动系统一般由燃料箱、燃料电池、电机控制器、电机、信号线路等组成,如图5-2所示。

燃料电池单独驱动汽车动力传动系统结构简图如图5-3所示,该系实为纯燃料电池驱动系统。燃料电池系统将氢气与氧气反应产生的电能通过总线传给驱动电机,驱动电机将电能转化为机械能再传给传动系统,从而驱动汽车前进。这种系统结构的优点如下:

① 系统结构简单,便于实现系统控制和整体布置。

② 系统部件少,有利于整车的轻量化。

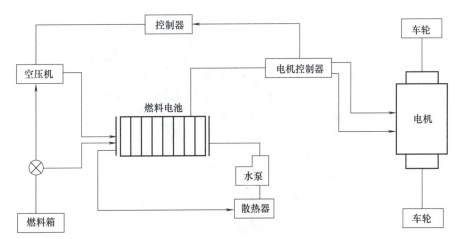

图 5-2 燃料电池单独驱动车型驱动系统结构

图 5-3 燃料电池单独驱动汽车动力传动系统结构简图

由于燃料电池无法充电,所以这种结构形式的燃料电池电动汽车无法实现制动能量回馈,这将影响系统能量效率的提高。单一燃料电池结构形式的汽车以巴拉德公司和戴姆勒-克莱斯勒公司的车型为代表。戴姆勒-克莱斯勒公司开发的燃料电池大客车长度为9~12m,燃料电池系统的功率为200~250kW,最高车速可达80km/h,续驶里程为200~400km。

纯燃料电池汽车只有燃料电池一个动力源,汽车的所有功率负荷都由燃料电池承担。其主要缺点如下:

① 燃料电池的功率大,成本高。

② 对燃料电池系统的动态性能和可靠性提出了很高要求。

③ 不能进行制动能量回收。

二、燃料电池混合动力汽车动力系统

基于纯燃料电池汽车上述这些不利因素,现在已较多地采用了混合驱动这种结构形式。这种结构形式既以燃料电池系统作为主动力源,又增加了动力电池组或超级电容作为辅助动力源,其整体结构如图 5-4 所示。图 5-5 所示为混合驱动型燃料电池汽车的动力系统结构原理,从图中可知它主要由燃料电池系统、DC/DC 转换器、辅助动力源、驱动电机以及各相应的控制器,再加上机械传动与车辆行驶构等组成。

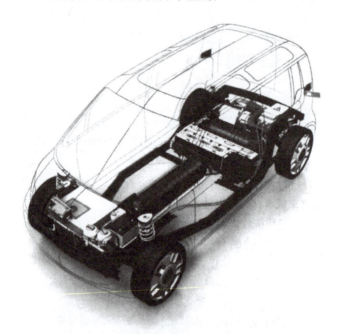

图 5-4　混合驱动燃料电池汽车整体结构

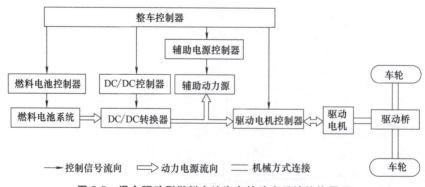

图 5-5　混合驱动型燃料电池汽车的动力系统结构原理

1. DC/DC 转换器

燃料电池由于制造工艺和对其使用安全性的考虑,其输出电压一般比电动汽车动力电源所要求的电压低,且特性较软,即随输出电流的增加,电压下降幅度较大。为了实现燃料电池系统输出电压与电机驱动电压相匹配,中间需要通过 DC/DC 转换器,即经过 DC/

DC 转换起到升压和稳压的调节作用。它不仅是为了满足驱动电机的需要，也为了混合动力系统中需与辅助动力源中的动力电池等工作电压相匹配，并且 DC/DC 转换器能够对燃料电池的最大输出电流和功率进行控制，起到保护燃料电池系统的目的。

2. 辅助动力源

辅助动力源有 3 种方式：动力电池、超级电容或动力电池＋超级电容，由此所构成的混合动力驱动系统分别被称为"FC＋B""FC＋C"或"FC＋B＋C"3 种结构形式。考虑到目前燃料电池系统自身的一些特殊要求，例如，在燃料电池启动时，空气压缩机或鼓风机需要供电，电堆（一组燃料电池）需要预加热，氢气和空气需要预加湿等，这些过程都需要提前向燃料电池系统供电。同时，在汽车启动、加速、爬坡等工况下，驱动功率需要大于燃料电池可提供的功率，此时由辅助动力源承担部分电能，即可降低燃料电池的峰值功率需求，使燃料电池工作在一个较稳定的工况下。在汽车怠速、低速等低负荷工况下，当燃料电池的功率大于驱动功率时，即可把富余能量存储于辅助动力源内；并在滑行、下坡及减速制动时，通过电机发电回馈来吸收其动能，从而提高整个动力系统的能量效率。由辅助动力源和燃料电池系统组合起来的混合动力驱动系统不仅降低了对燃料电池功率和动态特性的要求，同时也降低了燃料电池系统的成本。

根据燃料电池所提供的功率占整车总需求功率的比例不同，燃料电池混合动力汽车也可分为能量混合型和功率混合型两类。能量混合型主要用在燃料电池汽车开发的初期，由于技术水平的限制，燃料电池的功率较小，还难以满足车辆的功率需求。在车辆行驶过程中燃料电池只能提供整车功率需求的一部分，不足部分则需要辅助动力源来提供。能量混合型燃料电池汽车为了满足一定的性能指标，往往需要配备较大容量的动力电池组，从而导致整车自重增加，动力性变差，空间布置紧张，也增加了动力电池的维护和更换费用。能量混合型燃料电池汽车的燃料电池可以经常工作在系统效率较高的额定功率区域内，但每次运行结束后，除了要加注氢燃料外，还需要用地面电源为动力电池充电。

随着燃料电池技术的不断成熟，燃料电池性能的逐渐提高，燃料电池所提供的功率比例增大，这样就可以减少动力电池的容量，从而减轻车载自重，提高动力性能。但为了回收制动能量，还需要一定数量的动力电池，但动力电池组只提供整车所需功率中的一小部分。燃料电池作为主动力源，动力电池为辅助动力源，车辆需要的功率主要由燃料电池提供，动力电池只是在燃料电池启动、汽车爬坡或加速时输出能量，而在汽车下坡或降速制动时回收制动能量。采用这种混合驱动形式的汽车即为功率混合型燃料电池汽车。

由于镍氢电池或锂离子电池比能量及比功率较高，从而可以减少电池组的体积和重量，现在越来越多地被用作燃料电池混合动力汽车的辅助动力源。但是，由于目前这些电池的价格仍非常高，同时在使用过程中，电池的工作电压、电流、温度等的变化与其氢安全等有密切关系，所以也须配备专门的电池管理系统。由于目前动力电池存在寿命短、成本高、维护麻烦等弊端，故较多采用"燃料电池＋超级电容"或"燃料电池＋动力电池＋超级电容"的功率混合型驱动形式。采用超级电容的突出优点是寿命长且效率高，有望能较大地降低使用成本，故有利于燃料电池汽车的商业化推广和应用。动力电池和超级电容都以并联的形式与动力电源主线连接。超级电容主要用于提供加速（或吸收制动能量）的尖峰电流，从而减轻动力电池的负担，延长动力电池的使用寿命。

图 5-6 所示为采用"燃料电池＋电池"（FC＋B）或"燃料电池＋电池＋超级电容"（FC＋B＋C）混合动力驱动型燃料电池汽车的动力系统结构。考虑到目前燃料电池系统自身的一些特殊要求，如在启动空气压缩机或鼓风机时需要供电，电堆需要加热，氢气和空气需要加湿等，同时也为了能够回收制动能量，因而将电池和燃料电池系统组合起来，形成混合动力系统。该系统降低了对燃料电池的功率和动态性的要求，同时也降低了燃料电池系统的成本，但增加了驱动系统的重量、体积和复杂性，从而增加了电池的维护、更换费用。

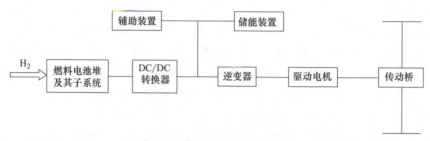

图 5-6　混合动力驱动型燃料电池汽车的动力系统结构

在"燃料电池＋电池"动力系统结构中，燃料电池和动力电池一起为驱动电机提供能量，驱动电机将电能转化成机械能传给传动系统，从而驱动汽车前进；在汽车制动时，驱动电机变成发电机，动力电池将储存回馈的能量。FC＋B型燃料电池汽车主要组成如图 5-7 所示。

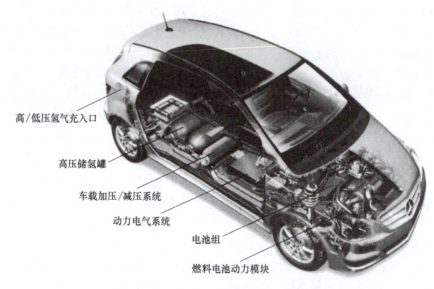

图 5-7　FC＋B 型燃料电池汽车主要组成

在燃料电池和动力电池联合供能时，燃料电池的能量输出变化较为平缓，随时间变化波动较小，而能量需求变化的高频部分由动力电池分担。

FC＋B 型燃料电池汽车混合动力系统结构如图 5-8 所示，其优点如下：

① 由于增加了比功率价格相对低廉得多的动力电池组，系统对燃料电池的功率要求较单一燃料电池结构形式有很大的降低，从而大大地降低了整车成本。

② 燃料电池可以在比较好的设定的工作条件下工作，工作时燃料电池的效率较高。
③ 系统对燃料电池的动态响应性能要求较低。
④ 汽车的冷启动性能较好。
⑤ 制动能量的回馈可以回收汽车制动时的部分动能，该措施可增加整车的能量效率。

但这种结构形式也存在以下一些缺点：

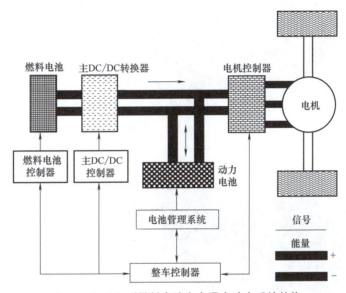

图 5-8　FC＋B 型燃料电池汽车混合动力系统结构

① 动力电池的使用使得整车的质量增加，动力性和经济性受到影响，对能量复合型混合动力汽车上的影响更为明显。
② 动力电池充放电过程会有能量损耗。
③ 系统变得复杂，系统控制和整体布置难度增加。

图 5-9 所示为丰田 FCHV-K-2 型燃料电池汽车动力系统布置示意图。图 5-10 所示为其动力系统剖视图。

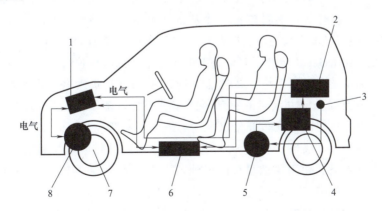

图 5-9　丰田 FCHV-K-2 型燃料电池汽车动力系统布置示意图
1—驱动用逆变器；2—DC/DC 转换器；3—加气口；4—动力电池组；5—高压氧气瓶；
6—动力电池；7—车轮；8—轮毂电机

图 5-10　丰田 FCHV-K-2 型燃料电池汽车动力系统剖视图

图 5-11　丰田 FCHV-BUS2 型燃料电池客车

该车的动力系统主要由动力控制单元、电机、电池组、高压氢气瓶和加气口等组成。动力控制单元按照驾驶人的操作指令确定动力系统应提供动力的大小或回收制动、减速的能量。燃料电池组向动力系统提供能量驱动电机使汽车行驶或向动力电池充电,以备加速和大负荷工况之用。图 5-11 所示为丰田 FCHV-BUS2 型燃料电池客车的组成,由于其空间较大,动力系统容易布置,故其结构与燃料电池电动轿车有较大的差别,如高压氢气瓶可以布置在车顶上。

燃料电池电动汽车的动力系统组成是很复杂的,图 5-12 所示为其较为详细的结构,其主要组成为燃料系统(燃料箱及其连接部分等)、空气供给系统(空气压缩机及其连接部分等)、控制器、燃料电池组(燃料电池、冷却剂、水泵等)、动力电池、DC/DC 转换器、DC/AC 逆变器、电机及驱动齿轮等。燃料电池组发出的电流经 DC/AC 逆变器后进入电动机驱动汽车行驶或经 DC/DC 转换器向动力电池充电,当汽车行驶时需要的动力超过电池的发电能力时,动力电池也参加工作,其电流经 DC/DC 转换器进入电机后驱动汽车行驶。

目前,燃料电池混合动力汽车的驱动形式多种多样,除了前面介绍的"FC+B"外,近年来,功率混合型燃料电池汽车开始出现"FC+C"的驱动形式,即动力电池也被其他储能装置(如超级电容、飞轮储能器等)所代替,而采用燃料电池与超级电容组合,完全摒弃了寿命短、成本高、使用要求复杂的电池。图 5-13 所示为本田 FCX 燃料电池电动汽车,它使用的就是超级电容,而不是动力电池。图 5-14 所示为其动力系统布置图。图 5-15 所示为奥迪混合驱动型燃料电池电动汽车结构。采用超级电容的突出优点是寿命长和效率高,可大大降低使用成本,有利于燃料电池汽车的商业化推广和应用。

燃料电池+动力电池+超级电容结构(FC+B+C 型)的燃料电池汽车动力系统结构

第五章 其他新能源汽车简介

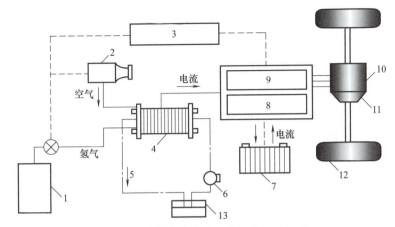

图 5-12　燃料电池电动汽车动力系统结构

1—燃料箱；2—空气压缩机；3—控制器；4—燃料电池；5—冷却剂；6—水泵；7—动力电池；
8—DC/DC 转换器；9—DC/AC 逆变器；10—电机；11—减速器；12—轮胎；13—散热器

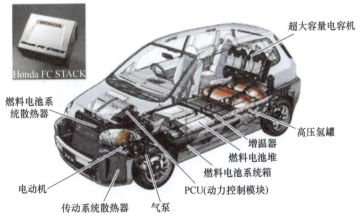

图 5-13　本田 FCX 燃料电池电动汽车

如图 5-16 所示，该结构也为串联式混合动力结构。其剖视图如图 5-17 所示。在该动力系统结构中，燃料电池、动力电池和超级电容一起为驱动电机提供能量，驱动电机将电能转化成机械能传给传动系统，从而驱动汽车前进；在汽车制动时，驱动电机变成发电机，动力电池和超级电容将储存回馈的能量。

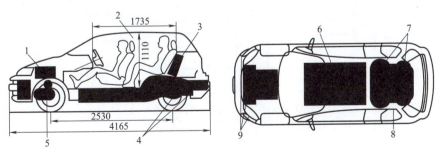

图 5-14　本田 FCX 型燃料电池电动汽车的动力系统布置图

1—动力控制单元；2—车内空间；3—超电容器总成；4—车架；5—电动机驱动总成；
6—燃料电池总成；7—高压氢罐；8—后悬架；9—散热器

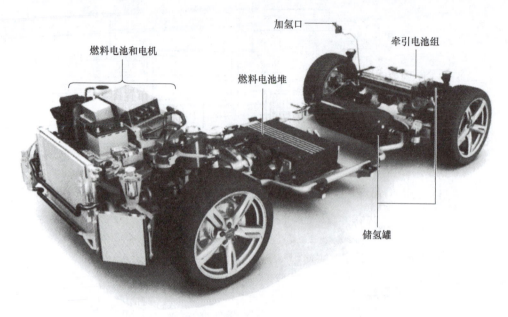

图 5-15　奥迪混合驱动型燃料电池电动汽车结构

在燃料电池、动力电池和超级电容联合供能时,燃料电池的能量输出较为平缓,随时间变化波动较小,而能量需求变化的低频部分由动力电池承担,能量需求变化的高频部分由超级电容承担。在这种结构中,各动力源的分工更加明确,因此它们的优势也得到更好的发挥。这种结构的优点比燃料电池+动力电池结构形式的优点更加明显,尤其是在部件效率、动态特性、制动能量回馈等方面。而其缺点也一样更加明显:

① 增加了超级电容,整个系统的质量将可能增加。

② 系统更加复杂化,系统控制和整体布置的难度也随之增大。总的来说,如果能够对系统进行很好的匹配和优化,这种结构带来的良好的性能具有很大的吸引力。

综上所述,燃料电池和辅助电池混合驱动是一种比较流行的结构。采用燃料电池和辅助电池的双动力源结构主要基于以下原因:

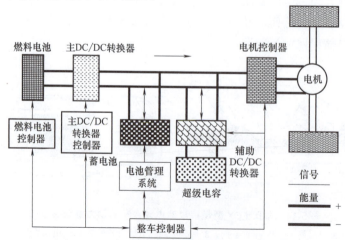

图 5-16　FC+B+C型燃料电池汽车动力系统结构

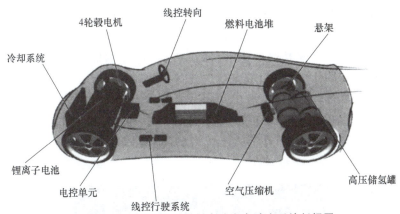

图 5-17　FC＋B＋C 型燃料电池汽车动力系统剖视图

① 当前燃料电池的动态性能欠佳，而汽车的工作状态总是在较大的范围内动态变化，燃料电池不能随时满足汽车的功率需求，增加辅助电池可以起到快速调节功率的作用。

② 燃料电池最佳负荷率在额定功率 20％～40％ 的范围内，为了实现整车能量效率最佳，增加辅助电池调节燃料电池的功率输出，可使其工作点尽量保持在效率最佳的范围内。

③ 目前燃料电池的成本还很高，从降低整车价格的方面来考虑，适当减小燃料电池的额定功率，用辅助电池来弥补不足的功率输出，可以在一定程度上降低整车成本。

与燃料电池＋动力电池结构相似的还有燃料电池＋超级电容结构。与动力电池相比，超级电容充放电效率高，能量损失小，功率密度大，在回收制动能量方面更具优势，循环寿命长，但是超级电容的能量密度较小。随着超级电容技术的不断进步，这种结构将成为一种新的重要研究方向。

燃料电池汽车不同动力驱动系统结构特性比较见表 5-1。

表 5-1　燃料电池汽车不同动力驱动系统结构特性比较

动力系统结构	FC 单独驱动	FC＋B 能量混合型	FC＋B＋C 功率混合型
结构特点	结构最简单 无法实现制动能量回收	结构较为复杂 动力电池质量、体积较大	结构复杂 动力电池质量、体积较小
燃料经济性	最差	较优	最优
燃料电池寿命与安全性	当汽车功率需求较大时，燃料电池易发生过载，难以满足动态响应要求，系统寿命较短	当汽车功率需求较大时，燃料电池发生过载概率小，系统寿命较长	汽车功率需求较大时，燃料电池可控制在最高效率点恒功率输出，不易发生过载，系统寿命长

三、典型的燃料电池汽车结构

燃料电池以其特有的燃料效率高、比能量大、功率大、供电时间长、使用寿命长、可靠性高、噪声低及不产生有害排放物 NO_x 等优点正引起世界各国的注意。与内燃机汽车相比，氢燃料电池电动汽车有害气体的排放量减少 99％，CO_2 的生成量减少 75％，电池能量转换效率约为内燃机效率的 2.5 倍。这种电池将有可能成为继内燃机之后的汽车最佳动力源之一。近年来，一些厂家如戴姆勒-克莱斯勒、丰田、通用、本田、日产、福特等公司都开发了自己的燃料电池电动汽车。汽车界人士认为 FCEV 是汽车工业的一大革命，是 21 世纪真正的纯绿色环保车，是最具实际意义的环保车种。

1. 通用 Autonomy 燃料电池概念车（图 5-18）

Autonomy 概念车是以氢为原料的燃料电池汽车，有超前的流线型车身，滑板一样的平坦底盘，加上 4 个轮子、车身加底盘，这就是 Autonomy 的构成。

Autonomy 将汽车的"内脏"（发动机、制动和转向系统、燃料储存系统和控制器）集成在一个 4.6m 长的"滑板"里，这个 15cm 厚的平台上可以放置任何设备。有了这套系统，在车身的设计上就不受任何约束了。通用汽车公司最初打算自己制造并销售一种"搭扣"式连接车身，它允许车主在"滑板"上面安装不同形式的车身，在需要时，可以将轿车改成小型厢式车。

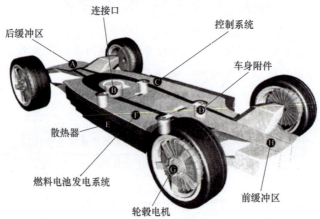

图 5-18 通用 Autonomy 燃料电池概念车的外形和滑板设计

Autonomy 概念车的所有车内系统都集中在底盘中，底盘上有操纵系统的标准接口，还有车身机械锁定装置与系统外联装置，这是一种通用的固定模式。但车身（车厢）部分形状可以随心所欲，可以选择像展会的 Autonomy 模样的车身，也可以选择其他模样的车身。将车身放在底盘上，通过机械锁定装置与系统外联装置，即刻合成了一辆汽车。这样，将来客户只要拥有一个底盘，就可以根据自己的爱好和需求租用各种类型的车身，随意地变换使用。这也是 Autonomy 的魔力所在。

此外，这款概念车身上还有一个引人注目的地方，它采用了一种线传操控技术（X-by-Wire）。使用这种技术，使汽车的操纵系统、制动系统及其他辅助系统能够通过电子方式而不是传统的机械方式进行控制。也就是说，像方向盘柱、踏板连杆、变速杆连杆等刚性传动件将会消失，用导线、继电器、电磁阀等元件组成的传动系统则会代替刚性传动件。在这样的变化下，驾驶人既可坐在左侧或右侧，也可坐在中间，甚至坐在任意位置操纵汽车。

由于采用线传操控技术，Autonomy 概念车的所有操纵系统都可以集中在底盘，底盘与车身之间只需用接口连接，即可将车厢内驾驶人的操纵信息传送至底盘内的操纵系统。其炫丽的车身与底盘的组合如图 5-19 所示。

据了解，这种线传操控技术不是一种不成熟的新技术，它已经作为一种技术商品应用到一些新型汽车上了，如新型宝马 7 系列轿车采用线传操控系统，用于变速器和加速踏板，使其操控更为精确。而 Autonomy 概念车上的线传操控技术则是由瑞典 SKF 公司生产的。

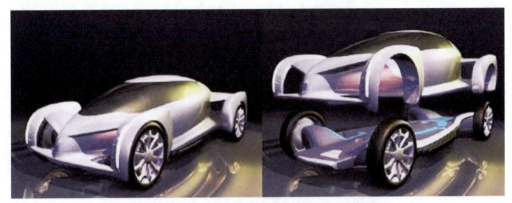

图 5-19　Autonomy 概念车炫丽的车身与底盘的组合

2. 现代 i-Blue 燃料电池电动概念车

这款全新的氢动力、零排放的概念车 i-Blue 燃料电池电动车是在位于日本千叶的现代设计与技术中心研发的。全新的 i-Blue 燃料电池电动概念车生产平台结合了现代公司第三代燃料电池技术，这种技术是由韩国 Mabuk 的现代公司生态化技术研究机构研发的。

为了体现"可持续发展与环境保护"的主题，i-Blue 概念车表明了现代公司已向其燃料电池汽车商业化的目标迈出了重要的一步。与之前基于 SUV 平台生产的车型不同，i-Blue 概念车拥有全新的 2+2 交叉型多用途运载车（CUV）的体型，如图 5-20 所示。

i-Blue 概念车是现代公司设计的第一款完全运用了燃料电池技术的车型，是其研发计划的一次巨大飞跃。

3. 通用 Sequel 燃料电池汽车

图 5-20　i-Blue 概念车的 CUV 体型

通用 Sequel 燃料电池汽车可连续行驶 300mile（480km），且能够在 10s 内由静止状态加速到 60mile/h（96km/h）。Sequel 燃料电池系统内的氢能源可以被直接转换为电能。车辆制动时锂动力电池系统可以用来储存制动时回收的能量以提高车辆的连续行驶能力。Sequel 燃料电池汽车能量流动图如图 5-21 所示，其电气系统由 3 个子系统组成，其中高压系统为驱动装置提供动力，42V 电源系统为一般电气设备供电，12V 电源系统为辅助设备提供电源。

Sequel 燃料电池汽车是在继通用 Autonomy 和 Hy-wire 概念车之后的又一突破，采用先进的电子电气技术，可以由电能来控制方向和制动效能，这样就能减少机械部件的使用，在类似滑板的底盘上可以配置各种创新的操作装置。此外，该车有 4 个轮毂电机，分别装在 4 个轮子处（图 5-22），提供特别的牵引和制动控制，这也可以在舱内留出更多的空间给乘客和行李，如图 5-23 所示。

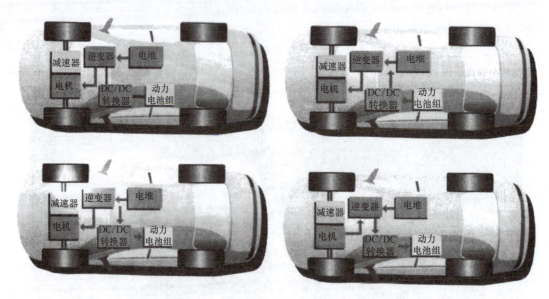

图 5-21　Sequel 燃料电池汽车能量流动图

图 5-22　轮毂电机的位置　　　　　图 5-23　舱内空间

通用 Sequel 燃料电池汽车底盘结构如图 5-24 所示。

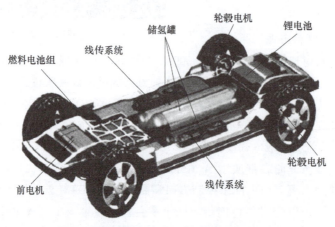

图 5-24　通用 Sequel 燃料电池汽车底盘结构

第二节 燃气汽车

试验研究表明，考虑综合环保、价格等方面的因素，在气体代用燃料中，天然气是首选，其次是液化石油气。通常，把以气体燃料部分取代燃油的汽车称为双燃料或两用燃料汽车，而把以气体燃料全部取代燃油的汽车称为燃气汽车（又称专用燃气汽车或单一燃料燃气汽车）。双燃料汽车如图 5-25 所示。

图 5-25 双燃料汽车

一、单一燃料燃气汽车

单一燃料燃气汽车主要包括天然气（NG）汽车（图 5-26）和液化石油气（LPG）汽车（图 5-27）。

根据天然气的保存方法，天然气汽车大体可分为两种类型，即液化天然气（LNG）汽车（图 5-28）和压缩天然气（CNG）汽车（图 5-29）。

图 5-26 天然气（NG）汽车

图 5-27 液化石油气（LPG）汽车

图 5-28 液化天然气（LNG）汽车

图 5-29 压缩天然气（CNG）汽车

天然气汽车具有环保效益明显、使用经济性较好、推广应用成本较低、安全性有保障、气源较丰富等优点，是我国实现节能减排目标的主要代用燃料汽车之一。随着我国沿海 20

多座 LNG 接收站的建成,接收处理 LNG 能力近 7000 万吨,另外,我国现已建成 LNG 液化工厂 30 余座,年液化能力 500 万吨,可供 20 多万辆汽车使用。同时,在西气东输一线、二线、中石化上海线相继建成的情况下,管输天然气不断发展,这些都为发展 LNG 汽车奠定了良好的资源基础。

目前,液化石油气(LPG)主要是由石油和天然气精炼出来的;液化石油气的主要成分是丙烷,可存储在大型球罐中。瓶装气的工作压力小,对气瓶的耐压要求也比压缩天然气气瓶低。另外,液化石油气汽车尾气中的 NO_x 和 PM 排放低,工作噪声小。因此,液化石油气也是良好的汽车代用燃料。

二、双燃料燃气汽车

双燃料燃气汽车可以根据工况的不同,独立使用两种燃料中的一种。由于汽油与柴油的特性有很大不同,目前仅限于把汽油机改装或开发成两用燃料机。故双燃料燃气汽车一般分为 CNG-汽油汽车和 LPG-汽油汽车,如图 5-30 所示。

图 5-30 双燃料燃气汽车

三、燃气汽车工作原理

高压的压缩天然气从储气钢瓶中释放,经过天然气滤清器过滤后,再经高压电磁阀进入高压减压器。高压电磁阀的开合由 ECM 控制,高压减压器的作用是将高压的压缩天然气的压力调整至 0.7~0.9MPa。高压天然气在减压过程中,由于减压膨胀,需要吸收大量的热量。为防止减压器结冰,从发动机将热冷却液引出到减压器,以对燃气加热。

经减压后的天然气进入电控调压器。电控调压器的作用是根据发动机运行工况精确控制天然气喷射量。天然气与空气在混合器内充分混合,进入发动机气缸内,经火花塞点燃后进行燃烧。火花塞的点火时刻由 ECM 控制,氧传感器即时监控燃烧尾气的氧浓度,推算出空燃比。ECM 根据氧传感器的反馈信号来控制 MAP,并及时修正天然气喷射量,如图 5-31 所示。

天然气发动机主要由燃料供给系统、点火系统、增压压力控制系统、传感器、电子控制模块等组成。其中,燃料供给系统包含高压燃料切断阀、高压减压器、低压电磁阀、电控调压器(EPR 阀)、混合器和电子节气门等部件。

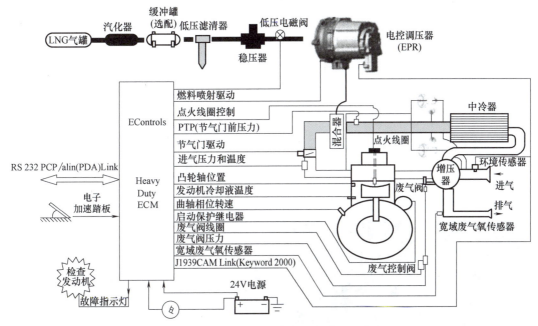

图 5-31　压缩天然气汽车动力系统工作原理

四、燃气汽车的优势及存在的问题

1. 燃气汽车的主要优势

（1）燃气汽车是清洁燃料汽车　天然气汽车的排放污染大大低于以汽油为燃料的汽车。它的尾气中不含硫化物和铅，与汽油车相比，其排放的一氧化碳降低了 80%，碳氢化合物降低了 60%，氮氧化合物降低了 70%。因此，许多国家已将发展天然气汽车作为减轻大气污染的一种重要手段。

（2）天然气汽车有显著的经济效益　包括以下几点。

① 可降低汽车营运成本。目前，天然气的价格比汽油和柴油都低得多，燃料费用一般可节省 50% 左右，这使营运成本大幅降低。由于油气差价的存在，车辆改装费用也可在一年之内收回。

② 可节省维修费用。发动机使用天然气燃料后，运行平稳、噪声低、不积炭，能延长使用寿命，不需要经常更换机油和火花塞，可节约 50% 以上的维修费用。

（3）天然气汽车比汽油车更安全　这表现在以下几点。

① 燃点高。天然气燃点达 650℃ 以上，比汽油燃点（427℃）高出 223℃，不易点燃。

② 密度低。与空气的相对密度为 0.48，泄漏出的气体很快会在空气中散发，很难达到遇火燃烧的浓度。

③ 辛烷值高。辛烷值可达 130，比目前最好的 98 号汽油辛烷值高得多，抗爆性能好。

2. 燃气汽车目前存在的问题

① 标准规范欠缺。目前，车用液化石油气加气站和车用压缩天然气加气站的设计规范和车用气体燃料（LPG、CNG）等国家标准尚未完成。在加气站建设和燃料质量保证等方面上还存在较多问题，影响了燃气汽车的正常运行和发展。

② 关键零部件的技术水平与国外相比还有差距，环保效果不够显著。清洁汽车是以排放水平为标准来衡量的，这与所用燃料有关，而更重要的是其采用的技术。目前，我国采用的各类汽车尾气净化技术亟待筛选、优化和集成，并实现产业化。

③ 燃气汽车加气站等基础设施建设滞后，关键设备的产业化有待突破。燃气汽车加气站投资规模较大，主要原因之一是进口关键设备，如高性能天然气压缩机、脱硫及深度脱水装置等的投入很大，而国产设备的性能和可靠性仍需进一步提高。

五、燃气汽车典型车型实例

（一）奥迪 A3 g-tron 双燃料汽车

奥迪 A3 g-tron 是一款双燃料汽车，它以汽油和 CNG 为燃料。其发动机基于普通版 A3 的 1.4TFSI 发动机改造而来，针对天然气的特性，对气缸盖、涡轮增压器、喷射系统以及三元催化转化器都进行了改进，如图 5-32 所示。

图 5-32　奥迪 A3 g-tron 双燃料汽车

双燃料 1.4TFSI 发动机可输出 81kW 的最大功率和 200N·m 的峰值转矩，0～100km/h 加速时间在 11s 以内，极速可达 190km/h，如图 5-33 所示。

供气系统采用的电子调压器也是其亮点之一，调压装置分两级将高压储存的天然气减压到 0.5～0.9MPa。对于使用 CNG 的车辆，减压系统直接影响 CNG 发动机的工作性能，甚至是导致诸多故障的根源，奥迪高精度的电子调压器则保证了发动机的性能和可靠性，如图 5-34 所示。

图 5-33　双燃料 1.4TFSI 发动机

图 5-34　燃气喷射系统

用来储存压缩天然气的两个气瓶布置于车尾底部，占据了原先备胎的空间。每个气瓶能够以 20MPa 的高压储存 7.2kg 天然气。该气瓶采用轻量化材料制造，由内外三层材料复合而成，内层采用不透气的聚酰胺材质（尼龙），中层为高强度的碳纤维聚合材料，最外层用来保护气瓶的外壳，采用了玻璃纤维聚合材料。它的质量比传统的钢瓶减轻了 70%，如图 5-35 所示。

A3 g-tron 车内并没有切换燃料来源的控制按钮。通常情况下，车辆会自动优先使用天然气燃料。在低温环境中，车辆会先使用汽油启动车辆，然后切换至天然气。当气瓶内的

图 5-35　存储压缩天然气的气瓶

压力低于 1MPa 时（天然气剩余量小于 0.6kg），A3 g-tron 才会将燃料切换成汽油。A3 g-tron 使用天然气的续驶里程可达 400km（消耗量约 3.6kg/100km），而后继续使用汽油可以再行驶 900km，总续驶里程可达 1300km，如图 5-36 所示。

图 5-36　发动机自动转换工作模式

因为车尾装有气瓶，所以 A3 g-tron 的后悬架改为纵臂扭转梁式。另外，出于安全考虑，高温的排气管截止到气瓶之前，因此车尾看不到排气管。燃气和燃油加注口在一起，方便加注，如图 5-37 所示。

与汽油版 A3 相比，A3 g-tron 车内比较显著的变化是将原左侧仪表盘的冷却液温度表换成了气瓶的天然气余量显示表，行车电脑也相应增加了燃气消耗（以 kg/100km 计）、燃气模式续驶里程和混合续驶里程等数据，如图 5-38 所示。

（二）雪铁龙爱丽舍手动双燃料汽车

爱丽舍双燃料汽车（CNG）适配了专用双燃料发动机，提高了压缩比，其使用汽油时可获得 78kW 的最大功率和 142N·m 的最大转矩，而使用天然气时其最大功率和最大转矩分别达到 70kW 和 125N·m，功率损耗仅为 10%。相比国内其他 CNG 车型 12%～20% 的功率损耗，爱丽舍 CNG 功率损耗最小，耗气量最低，如图 5-39 所示。

图 5-37 燃气和燃油加注口在一起

图 5-38 仪表盘

(三)长安悦翔双燃料汽车

长安悦翔 CNG 的 90km 等速燃气消耗量为 $6.1m^3$,一般情况下,65L 的气瓶一次加满后可供汽车行驶 200km,大大降低了消费者的用车成本,因此在重庆、四川、甘肃等天然气资源丰富、充气站点多的地区大受欢迎,如图 5-40 所示。

图 5-39 雪铁龙爱丽舍手动双燃料汽车

图 5-40 长安悦翔双燃料汽车

(四)现代伊兰特双燃料汽车

现代伊兰特 CNG 技术已经相当成熟,并早已在出租车型上得到应用。

该车的气瓶位于行李箱中,且油/气转换开关设置在驾驶室中央扶手下方,操作方便,适配手动变速器。此外,该车还采用全进口压缩天然气供气装置,选用带截止阀的 65L 大容量钢质内胆环向缠绕气瓶,使用更为安全可靠,如图 5-41 所示。

图 5-41 现代伊兰特双燃料汽车

图 5-42 捷达双燃料汽车

（五）捷达双燃料汽车

捷达 CNG 除秉承普通型捷达一贯的皮实耐用、性能稳定、维修成本低的特点外，因为使用价格低廉的天然气，而大大降低了使用成本。该车采用 Dream XXI 型燃气顺序喷射系统，消除了产生回火的外界条件（可燃混合气在进气管内聚积），从而解决了回火问题。另外，该车采用了多点燃气喷射系统，该系统按照实际车速，控制每个气缸的燃气喷射量和时间，精确供气，相比单点燃气喷射系统，动力更强，更经济，系统更稳定，如图 5-42 所示。

第三节　醇燃料汽车

发动机代用燃料种类很多，目前技术成熟并进行推广的是生物燃料，即汽油或柴油添加甲醇、乙醇或丙醇的醇燃料，特别是在粮食主产区，把玉米等农作物加工成醇，在江苏的徐州和无锡，都建有年产 80 万吨甲醇汽油生产基地。醇燃料尽管在燃值上有所降低，但在发动机净化、抗爆性和启动性等有明显的优势，并且降低燃油成本。

一、醇燃料汽车概述

（一）甲醇燃料

甲醇是一种易溶于水的无色透明液体，具有质轻、略有臭味、易燃、易挥发、含氧高、闪点高、辛烷值高等特点。甲醇的燃烧特性接近目前使用的液体燃料，其抗爆性好，燃烧时不产生黑烟，排放少，火焰热辐射比汽油小，不易造成邻近的二次火灾。

甲醇作为内燃机燃料具有以下特点。

① 辛烷值比汽油高，因此可通过增大压缩比来提高发动机的热效率。

② 甲醇的燃烧速度和火焰传播速度比汽油快，因此燃烧的定容性好，燃烧持续期短，燃烧程度小，有利于提高热效率。

③ 甲醇具有较高的含氧量，使用甲醇汽油可以有效提高发动机的热效率，减少汽车 CO 及 HC 的排放。但未燃烧的甲醇及燃烧后的醛类排放物比普通汽油有明显增加。

④ 甲醇的汽化热比汽油高两倍多，进入气缸后要吸收周围的热量才能汽化。吸热的过程降低了燃烧室内和气缸盖的温度，使外传热量减少，提高了发动机的热效率。

⑤ 甲醇的着火燃烧浓度范围比较宽，更容易实现稀薄燃烧，这使发动机的工况范围比较宽，有利于提高排气净化性能并降低油耗。

⑥ 甲醇内燃机的有关部件和油箱需要选用合适的防腐材料。因为甲醇在生产过程中一般会含有酸性物质。在储存过程中，甲醇因氧化或细菌发酵也会产生少量的有机酸。另外，甲醇自身的吸水性使其含有少量水分。燃烧后产生的甲醛、甲酸等都会对发动机产生较为严重的腐蚀和磨损。

用甲醇代替石油燃料在国外已经推行多年，甲醇汽车控制系统的技术已经很成熟，与乙醇一样，甲醇的热值低，但是辛烷值高，也含氧，需要使用专门的发动机。但是与乙醇不同的是，甲醇本身有毒性，对有色金属有腐蚀作用，对橡胶件有溶胀作用，因此必须对发动机以及车上的燃料输配系统进行针对性设计。

甲醇汽车存在冷启动问题,因此多以与汽油混合的形式使用。最常见的是 M85,即 85%甲醇和 15%汽油的混合溶液。

我国一些地区也在示范使用含 15%甲醇的甲醇汽油,它含有可使甲醇与汽油互溶的助溶剂,也含有抑制金属腐蚀的腐蚀抑制剂。汽油发动机不需要任何改动就可以使用这种燃料。

因为甲醇有毒,所以在使用的各个环节中都要特别注意,并制订相应的管理制度和使用方法来确保使用安全。

(二) 乙醇燃料

乙醇俗称酒精,它在常温、常压下是一种易燃、易挥发的无色透明液体。它的水溶液具有特殊的芳香味,并略带刺激性。以玉米为原料的淀粉质发酵生产乙醇工艺成熟,产品质量较好,是目前生产乙醇的主要工艺。

乙醇作为内燃机燃料具有以下特点。

① 辛烷值高,抗爆性能好,添加乙醇可以有效地提高汽油的抗爆性。

② 乙醇含氧量高达 34.7%,在汽油中添加 10%的乙醇,氧含量可达 3.5%。

③ 通过添加乙醇改变汽油组成,可以有效降低汽车尾气排放量。美国一项研究表明:使用 6%乙醇的新配方汽油与常规汽油相比,碳氢化合物(HC)排放降低 10%~27%,一氧化碳(CO)排放减少 21%~28%,氮氧化物(NO_x)排放降低 7%~16%,有毒气体排放减少 9%~32%。但非常规排放物,如醛、醇、苯、丁二烯的排放有所增加。

④ 乙醇的热值比常规汽油低。因此,使用乙醇汽油的发动机的油耗,随着乙醇掺入量的增加而增加。有资料表明,使用 10%乙醇的混合汽油时,发动机的油耗增加约 5%。在辛烷值相同的前提下,发动机的动力性能也会因乙醇的含量增加而有不同程度的下降。

⑤ 乙醇在生产过程中一般会含有酸性物质。另外,储存时由于空气的氧化或细菌发酵也会产生少量的有机酸。乙醇本身具有的吸水性也会使其含有少量水分。这些都会对发动机产生较为严重的腐蚀和磨损。

⑥ 乙醇掺入汽油后,会产生明显的蒸汽压调合效应,乙醇本身的饱和蒸汽压为 18kPa。乙醇添加量为 3%~5.7%时,乙醇汽油的调合蒸汽压随乙醇添加量增加而提高,最高达 58kPa;当乙醇添加量大于 5.7%时,乙醇汽油的调合蒸汽压随乙醇添加量增加而逐渐降低。

由于热值低,一般来说,乙醇汽车行驶同样的里程需要更多的燃料。但是,由于辛烷值高,如果采用专门设计的高压缩比发动机,燃烧的热效率就会有所提高,可以在一定程度上补偿热值低的缺陷。由于含氧,在燃烧时可以比汽油少消耗一些氧气,这使发动机燃料与空气混配的比例与单纯使用汽油不同。因此,要充分发挥乙醇的性能,需要设计专门的发动机。

汽车一般不会使用纯乙醇作为燃料,因为纯乙醇在汽化时需要更多的热量(汽化潜热大),这导致冷天的启动性能不好,故通常将汽油与乙醇混合使用。一般最高使用 E85 乙醇汽油,即含 85%乙醇和 15%汽油的混合燃料。目前使用最多的乙醇汽油是 E22。图 5-43 所示是乙醇汽车。

（三）醇类汽车存在的问题

1. 甲醇燃料汽车推广存在的问题

我国已进行了大量的甲醇燃料汽车试验和研制工作，取得一定的成果，但也出现了一些问题。

（1）燃烧甲醇燃料会对汽车性能造成影响

① 气阻现象。若汽车燃用中、低甲醇含量混合燃料（M15～M30），临时停车发动机熄火时，则在油路中会产生较多的甲醇蒸气，会出现气阻和高温启动难的现象。

图 5-43　乙醇汽车

② 供油系统。甲醇汽油添加剂具有清洁作用，会清洗旧车供油系统的杂质，造成燃油滤清器和喷嘴的阻塞；但这种现象只在汽油车初次使用甲醇燃料时会出现，经过简单维修即可解决。

③ 腐蚀现象。某些橡胶件、塑料件受甲醇侵蚀后会发生溶胀变形或脆裂的现象。目前的解决办法是燃油供应系统的部件采用聚乙烯、氯丁橡胶和氟化橡胶等耐腐蚀、耐溶胀材料。

④ 金属元器件早期磨损问题。甲醇及其燃烧产物会腐蚀排气门座、进排气门、气门导管、活塞环、缸套等。解决的办法一方面是要改变机件的材质和热处理工艺，另一方面要使用甲醇发动机专用润滑油。

（2）受原料成本和国际市场影响，甲醇价格不稳定　甲醇燃料与汽油的替代比为1.8～2，当甲醇价格相当于汽油的50%～55%时，其成本与汽油持平。我国甲醇生产能力和市场容量较小，没有甲醇燃料专业生产企业，也没有相关标准，用化工甲醇代替甲醇燃料，成本高，使用不合理；另外，甲醇价格随国际市场和化学品价格波动大，与油品缺乏对应关系。

我国进行的各类甲醇燃料汽车试验研究表明，甲醇汽车的常规排放比汽油车少，可以满足相应的排放标准。但对甲醇燃料汽车非常规排放物的控制，还需要进一步研究试验，取得更详细的研究数据。

2. 乙醇燃料汽车推广存在的问题

国内相关研究表明，传统汽车使用乙醇燃料后，没有出现严重影响汽车性能的问题，但部分零部件出现了不同程度的溶胀、腐蚀现象，对汽车性能构成潜在影响，具体如下。

① 存水会使车用乙醇汽油出现分离现象。

② 乙醇燃料会对紫铜等金属材料制成的零部件产生腐蚀，加入适量腐蚀抑制剂后可以改善腐蚀现象。

③ 通过车用乙醇汽油对国产橡胶件相溶性影响的研究，发现车用乙醇汽油会明显降低某些橡胶件的扯断强度和硬度。

制取乙醇技术尚待完善，成本尚待降低。我国的燃料乙醇技术还不成熟，有关废渣的处理还没有成熟的工艺。粮食酒精厂大部分的废渣量较小，可作为饲料或制成其他副产品，但对于燃料乙醇企业，由于废渣量较大，还没有经济可行的处理办法。国家规定乙醇汽油必须与同标号的普通汽油"同升同价",但是企业生产乙醇成本高,加上销售环节几次降价让利后,加油站处于微利状态,导致国家不得不拿出大笔资金对厂家进行补贴;如何把乙醇的生产成本降下来,以增强乙醇汽油的市场竞争力,是需要尽快解决的现实问题。

二、醇类汽车典型车型实例

(一)萨博 BioPower100 概念车

萨博 BioPower100 概念车采用 2.0L 直列四缸发动机,配合涡轮增压技术,以乙醇(El00)为燃料。该发动机的最大功率高达 220kW,最大转矩可达 400N·m。萨博 BioPower100 概念车从静止加速到 100km/h 仅需 6.6s,如图 5-44 所示。

图 5-44 萨博 BioPower100 概念车

(二)生物乙醇燃料型沃尔沃 C30

沃尔沃汽车公司的灵活燃料(FlexiFuel)车系使用 E85 燃料(85%可再生生物乙醇和 15%汽油)。这种燃料完全可再生,且可由多种原料制取,如甘蔗、小麦和木材副产品等。沃尔沃推出的生物乙醇燃料型 C30 就属于该车系。该车系有三种发动机可供选择,其中,1.8F 输出功率为 93.25kW,2.0F 输出功率为 108kW,涡轮增压型 2.5FT 输出功率为 172kW,如图 5-45 所示。

(三)路特斯 Exige270E

路特斯 Exige270E 最大的亮点是使用了全新开发的生物燃料发动机。这台具有优异环保性能的 1.8L 四缸发动机,可以使用甲醇、生物乙醇和汽油三种燃料,最大功率约 199kW。该车最高速度可达 255km/h,从静止加速到 100km/h 仅需 3.88s,如图 5-46 所示。

图 5-45 生物乙醇燃料型沃尔沃 C30

图 5-46 路特斯 Exige270E

第四节 太阳能汽车

原联合国秘书长潘基文 2008 年 9 月 12 日在美国纽约从距工作地点几个街区外的住所坐上瑞士工程师路易斯·帕尔默驾驶的"日光出租车",10min 后便抵达目的地联合国总部大厦。他认为,太阳能汽车技术完全可以应用于日常生活。开发可再生能源、抵御气候变暖并非空话,而更需要人们尽快采取实际行动,他用行动呼唤人们关注全球气候变暖现象。

从某种意义上讲,太阳能汽车也是纯电动汽车,二者的区别在于纯电动汽车的蓄电池靠工业电网充电,而太阳能汽车则使用太阳能电池,它可将太阳能转化为电能,如图 5-47 所示。

太阳能汽车分为两种类型:一种以装在车身表面的太阳能电池为动力源,如图 5-48 所示;另一种利用太阳能电池给车载蓄电池充电,再以车载蓄电池为动力源,如图 5-49 所示。

图 5-47 太阳能汽车

图 5-48 太阳能电池驱动的太阳能汽车

图 5-49 车载蓄电池驱动的太阳能汽车

由于经济和技术的限制,单纯以太阳能电池为动力源的实用型太阳能汽车还很少见,距产业化还有一段距离。

一、太阳能汽车概述

太阳能电池板用于收集太阳光和其他形式的光,并在内部建立起电场以产生电流,如图 5-50 所示。

太阳能电池板根据行驶条件,将电流传送到蓄电池,并储存起来,也可以直接输送到电机控制器,或是根据行驶工况,与蓄电池联合为电机提供电流。

太阳能汽车在晴天行驶时,初始运行阶段,阳光转化的电能直接传送到电机控制系统。随着行驶时间的增加,来自太阳能电池板的能量将超过电机控制系统的承受范围。这种情况下,电能一部分提供给电机,另一部分被蓄电池储存起来。阴天

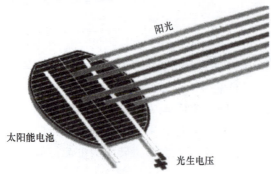

图 5-50 太阳能电池的工作原理

或是雨天,太阳能电池板不能为电机提供足够电能时,蓄电池储存的电能将被利用起来使太阳能汽车仍能正常行驶。

太阳能汽车停驶时,太阳能电池板产生的能量会被蓄电池储存起来。在加速行驶或减速停车时,通过对直流电机的电流控制,使其以发电机模式工作,并用蓄电池存储电能。太阳能汽车通常装有太阳能峰值功率跟踪装置(MPPT),用于控制所用的能量,使能量分配更加合理,如图 5-51 所示。

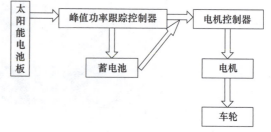

图 5-51 太阳能汽车能量匹配图

相对于传统燃油汽车,实用型太阳能汽车虽然行驶速度较低,但仍有诸多优势:

① 太阳能汽车耗能少,只需采用 $3\sim 4m^2$ 的太阳能电池组件便可行驶。

② 易于驾驶。太阳能汽车无需电子点火,只需踩下加速踏板便可启动,利用控制器使车速变化。

③ 太阳能汽车结构简单,除了定期更换蓄电池以外,基本不需要日常保养,省去了传统燃油汽车必须经常更换机油和冷却液的烦恼。

④ 太阳能电动车没有内燃机、离合器、变速箱、传动轴、散热器、排气管等零部件,结构简单,制造难度降低。

二、太阳能汽车典型车型实例

(一)比亚迪 F3DM 太阳能汽车

这款太阳能汽车在比亚迪 F3DM 基础上改装而来,装载了太阳能电池充电系统。它搭载了最新的 BYD371QA 全铝发动机,升功率突破了 50kW/L。DM 双模系统大幅度提高了发动机的输出功率和转矩,配合 75kW 的电机,其总输出功率达 125kW,相当于 2.4L 汽油发动机的水平,如图 5-52 所示。

（二）吉利 IG 太阳能汽车

吉利 IG 太阳能汽车配备了两种动力系统：一种为 60kW 电机＋磷酸铁锂电池，车速最高可达 150km/h，续航里程达到 180km；另一种为最大功率 52kW 的三缸汽油发动机＋5MT/4AT 变速器。

该车车顶的太阳能装置可以将阳光转化为电能。它能利用蓄电池余热为车内提供暖风，其空调制冷采用半导体冰箱的原理，节省能源，如图 5-53 所示。

图 5-52　比亚迪 F3DM 太阳能汽车

图 5-53　吉利 IG 太阳能汽车

参考文献

[1] 中国汽车工程学会. 节能与新能源汽车技术路线图. 北京：机械工业出版社，2017.
[2] 李敬福，王洪佩. 新能源汽车关键技术研究. 北京：北京理工大学出版社，2017.
[3] 曾鑫，刘涛. 新能源汽车动力电池与驱动电机. 北京：人民交通出版社股份有限公司，2017.
[4] 包科杰，徐利强. 新能源汽车维护与故障诊断. 北京：人民交通出版社股份有限公司，2017.
[5] 陈社会，陈旗. 新能源汽车构造与维护. 南京：江苏凤凰教育出版社，2018.
[6] 王震坡，孙逢春，刘鹏. 电动车辆动力电池系统及应用技术. 第2版. 北京：机械工业出版社，2017.
[7] 文少波，赵振东. 新能源汽车及其智能化技术. 南京：东南大学出版社，2017.
[8] 何洪文等. 电动汽车原理与构造. 北京：机械工业出版社，2012.
[9] 刘春晖，张炜炜. 混合动力汽车结构与检修. 北京：化学工业出版社，2017.
[10] 尹力卉，王林，左晨旭. 新能源汽车技术. 北京：机械工业出版社，2017.
[11] 陈美多，彭新. 新能源汽车技术. 成都：西南交通大学出版社，2017.
[12] 姜久春. 电动汽车充电设施运行与维护技术. 北京：北京交通大学出版社，2016.
[13] 周志敏，纪爱华. 电动汽车充电站（桩）工程设计. 北京：电子工业出版社，2017.
[14] 中国汽车工程学会. 节能与新能源汽车技术路线图. 北京：机械工业出版社，2017.
[15] 刘杰，宗长富. 电动汽车电力电子技术应用. 北京：北京交通大学出版社，2018.
[16] 黄志坚. 电动汽车结构原理应用. 北京：化学工业出版社，2018.
[17] 唐勇，王亮. 新能源汽车电气技术. 北京：人民交通出版社股份有限公司，2017.
[18] 瑞佩尔. 图解新型动力汽车结构原理与维修. 北京：化学工业出版社，2017.
[19] 王志福，张承宁等. 电动汽车电驱动理论与设计. 第2版. 北京：机械工业出版社，2017.
[20] 王艾萌. 新能源汽车新型电机的设计与弱磁控制. 北京：机械工业出版社，2014.